Mit den besten Wünschen
für die Zukunft

Ihre Belegschaft

5. 12. 1983

Die Pegnitz – Augenblicke eines Flusses

Herbert Liedel · Helmut Dollhopf

Die Pegnitz

Augenblicke eines Flusses

Mit Beiträgen von:
Kurt Endres · Jürgen Franzke
Walter Gallasch · Klaus Schamberger

Stürtz Verlag Würzburg

Abb. Schutzumschlag
Freigabe, Reg. v. Mittelfranken
Luftamt Nordbayern Nr. P 3682/1
Abb. Seite 25
Freigabe, Reg. v. Mittelfranken
Luftamt Nordbayern Nr. P 3682/2
Abb. Seite 26/27
Freigabe, Reg. v. Mittelfranken
Luftamt Nordbayern Nr. P 3682/11
Abb. Seite 113
Freigabe, Reg. v. Mittelfranken
Luftamt Nordbayern Nr. P 3682/3
Abb. Seite 120
Freigabe, Reg. v. Mittelfranken
Luftamt Nordbayern Nr. P 3682/4

Gesamtherstellung:
Universitätsdruckerei H. Stürtz AG, Würzburg

Gesamtgestaltung:
Hannelore Christen, Nürnberg

ISBN 3 8003 0190 X

Für die Mitarbeit an diesem Band danken die Autoren:

Max Boegl, Neumarkt i.d.Opf. · Familie Büchel, Ottensoos · Familie Dauth, Velden · Andreas Dimler, Neuhaus · Familie Dimmelmeier, Harnbachmühle · Hans Eichenmüller, Hainbronn · Martin Groetsch, Enzendorf · Familie Hartmann, Velden · Alfred Jöckel, Feucht b. Nürnberg · Karl Körner, Lauf · Johann Lindner, Weidlwang · Fischgroßhandlung Heinrich Maar, Nürnberg · Familie Mathiowetz, Enzendorf · Pfarrer Manfred Meyer, Vorra · Ilse Neumann, Nürnberg · Buchdruckerei und Verlag Karl Pfeiffer, Hersbruck · Dieter Preu, Eckental · Hans Preu, Nürnberg · Anneliese Rebmann, Lauf · Alex Reichel, Lauf · Jochen Riehl, Nürnberg · Familie Scharrer, Griesmühle · Peter Schramm, Vorra Nr. 206 · Margarete Schunk, Hersbruck · Martin Singer, Henfenfeld · Familie Ludwig Stiegler, Alfalter · Wolf-Werbung, Fürth

Augenblicke eines Flusses

Sie fließt nur so dahin, man beachtet sie kaum, die Pegnitz, ein kleiner Fluß in Franken. Für uns Nürnberger gehört sie einfach dazu. Unverwechselbar und selbstverständlich prägt sie das Bild unserer Stadt. Wir glaubten sie zu kennen. Und doch brachte die Pegnitz uns, was wir vorher nicht erwartet hatten, viele »Überraschungen der Nähe«.

Schmal tritt sie ans Licht. Urwüchsig zerklüftet zeigt sie sich im mittleren Lauf bei Lungsdorf vom Boot aus, exotisch wirkt sie aus der Luft bei den schier endlosen und kunstvollen Mäandern zwischen Hohenstadt und Hersbruck, lieblich in den breiten Auen bei Ranna. Träge und trüb läßt sie sich treiben in der Nähe der Großstadt, ehe sie sich zerteilt und verzweigt unter den vielen Brücken der Nürnberger Altstadt. Ein strenger Winter baut aus ihr einen bizarren Eispalast, bei Überschwemmungen ufern Teile des oberen Flußlaufs zu einer weit ausgedehnten Seenplatte aus.
Relikte aus alter Zeit – verwitterte Mühlen, rostüberdeckte Hammerschmieden – zeigen die einstige wirtschaftliche Bedeutung des Flusses. Dem Wissenschaftler gilt die Pegnitz als ein interessantes Forschungsgebiet erdgeschichtlicher Entstehungsabläufe. Frühzeitig entdeckten die Maler die Schönheiten des Tales. In den Pegnitzauen vor Nürnbergs Toren malte Albrecht Dürer das erste Landschaftsaquarell. Den Malern folgten die Dichter.
Ein Fluß wandelt sein Gesicht erdgeschichtlich in Millionen von Jahren, wenn der Mensch eingreift, in wenigen Tagen. Auch das Pegnitztal ist von den negativen Begleiterscheinungen der modernen Zivilisation nicht verschont geblieben. Umweltzerstörung war die Folge, insbesondere Wasserverschmutzung und Zersiedelung. In langer Zeit Gewachsenes wurde binnen

kürzester Frist vernichtet. Der Mensch in seinem uferlosen Freiheitsdrang, sich individuell zu entfalten, muß wieder lernen, die unabhängige Würde der Natur zu achten und das Recht der Tier- und Pflanzenwelt auf Leben zu respektieren.
In einigen Teilen des Pegnitztales hält sich die Zerstörung, gemessen an anderen Flußlandschaften, in Grenzen. Dennoch bedarf es der Suche, landschaftliche Schönheiten aufzuspüren. In der Landschaftsfotografie wird es durch die stetige Zurückdrängung der Natur immer schwieriger, »Landschaft« abzubilden, ohne der Versuchung zu erliegen, zu beschönigen, ja zu verklären.
Dennoch glauben wir, daß es nötig ist, Teile dieser letzten noch erhaltenen Schönheiten einzufangen und zu zeigen. Diese leise Provokation ist auch ein Weg, das Bewußtsein zu stärken, daß dem Natur- und Landschaftsschutz endlich Vorrang eingeräumt werden muß. Deshalb hat diese Fotoreise mit Nostalgie wenig zu tun, jedoch viel mit der Sorge, daß auch das heute noch Bestehende bald nicht mehr vorhanden sein könnte.
Die gezeigten Bilder sollten nicht als repräsentativer Querschnitt einer Flußlandschaft verstanden werden, sondern als freie Interpretation persönlicher Stimmungen und Erlebnisse. Hierbei war es immer unser Bestreben, den typischen Charakter der Pegnitz und ihrer Landschaft nicht aus den Augen zu verlieren.
In einer Zeit, in der uns Gegenwart immer mehr durch die Medien als durch eigene Anschauung und eigene Erfahrung vermittelt wird, besteht die Gefahr, daß der Mensch sich seiner Umwelt entfremdet. Auch aus unseren Bildern könnte sich das »Kapitel Pegnitz« als vorgefertigte Meinung ergeben. Im Grunde genommen stellt aber jedes Bild ein Stück Geheimnis dar, das eigentlich nur für den reserviert ist, der selbst erlebt. Wünschenswert wäre es deshalb, daß das Buch Anregung gibt zum Selbsterleben und Selbstempfinden dieser Landschaft im Wandel der Jahreszeiten, die bei jedem neuen Licht unerwartete Reize zeigt. Die verborgene Eigenart der Natur gibt sich stets nur dem preis, der bereit ist, sich intensiv mit ihr zu beschäftigen, sie zu beobachten, zu belauschen, sich in sie einzufühlen.

Wasser und Licht – der Fluß wird zum Treffpunkt dieser beiden faszinierenden Elemente, deren unendlich vielfältiges und flüchtiges Spiel von der Fotografie festgehalten werden kann. Wasser als flüssiges Licht, Wirklichkeit und Spiegelbild zugleich, Ideal und Realität. Fließendes Wasser heißt Bewegung und Wandel. Fließen birgt in sich etwas Regelmäßiges, sich ständig Wiederholendes, und doch gibt es in jeder Sekunde Momente der Einmaligkeit, unwiderbringliche Augenblicke des Lichtes, kurze Augenblicke in der Zeit einer langen Entwicklung.

Topografie einer Flußlandschaft

Wasser – ein Begriff, der Dichter und Maler seit jeher begeisterte, der aber für den Geographen in erster Linie ein elementarer Bestandteil des Naturhaushaltes ist. Fließgewässer gehören neben den hebenden und senkenden Kräften in der Erdkruste zu den wichtigsten Gestaltern unserer Erdoberfläche. Dabei sind oftmals die heutigen Täler nur noch Zeugen der früheren ausschürfenden Kraft von Flüssen, die im Laufe von Jahrmillionen in unterschiedlichen Klimaverhältnissen einmal mehr, einmal weniger tätig sein konnte.

Die Pegnitz hat auf ihren rund 117 Kilometern Länge, wobei sie einen Höhenunterschied von 140 Metern überwindet, eine für die vergleichsweise kurze Laufstrecke erstaunlich große Vielfalt von Erscheinungsformen hervorgebracht. Sie wurde dabei begünstigt durch den mannigfachen Gesteinswechsel des süddeutschen Schichtstufenlandes zwischen Schwarzwald und Oberpfälzer Wald, in das ganz Franken eingebunden ist.

So ist die Pegnitz ein durch und durch fränkischer Fluß, Modell und Wirklichkeit zugleich für das Wirken verschiedenster Kräfte. Sie hat Franken wie kein anderer Fluß geprägt durch eine Reihe von Landschaftselementen, vielleicht nicht jede für sich einzigartig, aber doch vereint ihresgleichen suchend. Die Bilder fordern dazu auf, Fragen nach dem Wie und dem Warum zu stellen, durch eigene Erfahrungen Lücken zu füllen, hinauszugehen und den Fluß gewissermaßen anzufassen. Man wird auf manche Rätsel stoßen, vieles bleibt unbeantwortet: man muß sich oft zurückversetzen, nicht um hundert Jahre, sondern um Millionen von Jahren, um dem Wirkungsgefüge, welches den heutigen Fluß geschaffen hat, auf die Spur zu kommen. Vieles erscheint dadurch verwirrend und kompliziert, und auch die Spezialisten unter den Wissenschaftlern können oft nur ein unvollkommenes Bild von den Entstehungsabläufen anbieten. Hier soll der Versuch gemacht werden, zur Gesamtschau des »Erlebnisfeldes Pegnitz« durch möglichst vereinfachte Darstellung der komplexen Zusammenhänge beizutragen. Der Weg führt von den Quellen zur Mündung, dem naturgegebenen Wachstumsrhythmus eines Flusses folgend.

Die Geburtsstunde der Pegnitz ist wohl in der Zeit zu suchen, als das Gebiet um die gleichnamige Stadt von einem Randausläufer des kreidezeitlichen Meeres bedeckt wurde, das sich über das östliche Mitteleuropa erstreckte. Viele Millionen Jahre früher hatten bereits die Bewohner des Jurameeres – Muscheln, Schnecken und Korallen, nach deren Abdrücken der Fossiliensammler die Kalksteinbrüche durchforscht – mit ihren Ablagerungen für einen mehrere Hundert Meter mächtigen Sockel aus Kalk gesorgt, in den tonige und sandige Schichten eingelagert wurden.
In das Meer der Kreidezeit – vor rund 100 Millionen Jahren herrschte die größte Meeresbedeckung auf der Erde – mündete neben vielen anderen kleineren und größeren Flüssen wohl auch einer, dessen Ursprung in der Gegend zwischen Velden und Rupprechtstegen zu vermuten ist. Etwa zur gleichen Zeit entwässerte ein größerer Bach dieses Quellgebiet in südlicher Richtung, arbeitete sich mittels »rückschreitender Erosion« (Fließwasser löst Gestein und anderes nachstürzendes Material aus dem Quellgebiet heraus und transportiert es flußabwärts) nach Norden vor, bis er schließlich von seinem Nachbarn nur noch durch eine kaum merkliche Wasserscheide getrennt war.
Die nächste Phase der Entstehung wurde durch eine Schichthebung im östlichen Bereich des Pegnitzer Beckens eingeleitet. Teile des nun leerlaufenden Kreidemeeres ergossen sich nach Süden und benutzten dabei die von den beiden Bächen vorbereitete Tallandschaft. Die leicht abtragbaren, weichen, sandigen Gesteine sowie die harten Kalkriffe des Frankendolomits zwangen den Fluß dazu, beim Eintiefen mehrfach seine Richtung zu ändern. Sandsteinschichten und Mergelbänke ergänzen das Spektrum von Hindernissen, die der Fluß auf seinem Weg nach Süden zu überwinden hatte.
Wer sich näher mit den aktuellen Ursprüngen der Pegnitz befassen möchte, dem liefern die detaillierten Karten des Landesvermessungsamtes erste Informationen. So wird sehr schnell deutlich, daß sich die Suche nach einer eindeutig bestimmbaren Pegnitzquelle problematisch gestaltet; der Fluß bezieht sein Wasser aus mehreren Quellbächen, und diese wiederum aus Quellen, deren unterschiedliche Ausprägung auf Karten kaum wiederzugeben ist, die aber durch ihre Vielfalt überraschen.
Der wohl bedeutendste Quellbach, die Fichtenohe, erhält sein Wasser auf einem Austrittsniveau von knapp 530 Metern Meereshöhe, nahe der Autobahn Nürnberg–Hof, unweit der Quelle des Roten Mains. Wassertropfen, die hier noch von der Natur durch eine Wasserscheide in unterschiedliche Bahnen gelenkt werden, ahnen noch nicht, daß sie sich später bei Bamberg im Main wieder treffen. Die Austrittstellen werden häufig markiert durch vermehrt auftretendes Moos und Farnkraut auf dem rötlichen, sandig lehmigen Boden. Nach langen Regenperioden sind umgestürzte Kiefern, deren Wurzelwerk nur schwer im feuchten Untergrund Halt findet, ein weiteres Indiz für Quellgebiete.
Mit einer kleinen Sensation wartet ein anderer Quell-

bach der Pegnitz auf, der Weihergraben. Er verläßt den Craimoosweiher nach Süden hin, doch hat dieser zumindest noch vor wenigen Jahren einen Teil seines Wassers nach Norden, zum Roten Main hin, abgegeben. Diesem in Europa seltenen Phänomen einer Flußgabelung – der Wissenschaftler spricht von »Bifurkation« – hat der Mensch durch den Neubau einer erhöht liegenden Straße zur Neumühle ein Ende bereitet. Für den Forscher mag dies bedauerlich sein, doch ist der Eingriff in die Natur hier verständlich, wenn man den Ärger bedenkt, welchen die Anwohner mit überschwemmten Wegen, Nutzgärten und Fischweihern hatten.
Der dritte Quellbach, der Erlbach, vereinigt sich mit den beiden anderen bei der Ortschaft Buchau, und beide ordnen sich der Fichtenohe unter. Die Breite des Tales auf der kurzen Wegstrecke zur Stadt Pegnitz steht in keinem Verhältnis zur Wasserführung der Fichtenohe und weist auf die ausräumende Kraft erheblich mächtigerer Gewässer früherer Zeiten hin.

Auf dem Stadtgebiet von Pegnitz entwickelt sich nun die für den Puristen, der in der Streitfrage nach Ursprung und Namen der Pegnitz nach Lösungen sucht, interessanteste Verknüpfung von Quellen und Quellbächen, an deren Ende der nun auch namentlich fixierte Fluß »Pegnitz« steht. Da ist zum einen die Fichtenohe, vielfach geteilt zum wirtschaftlichen Nutzen der Stadt und zum Schutz vor Überschwemmungen kanalisiert; da ist zum anderen die gefaßte Quelle am Fuße des Schloßberges, von amtlicher Seite als die eigentliche Pegnitz-Quelle bezeichnet, ebenfalls zum geraden Verlauf gezwungen. In immer größeren Portionen gibt die Fichtenohe Wasser an die Pegnitz ab, unterquert sie sogar mit Hilfe eines Schachtes, aus dem sie durch hydrostatischen Druck wieder hervorgepreßt wird.

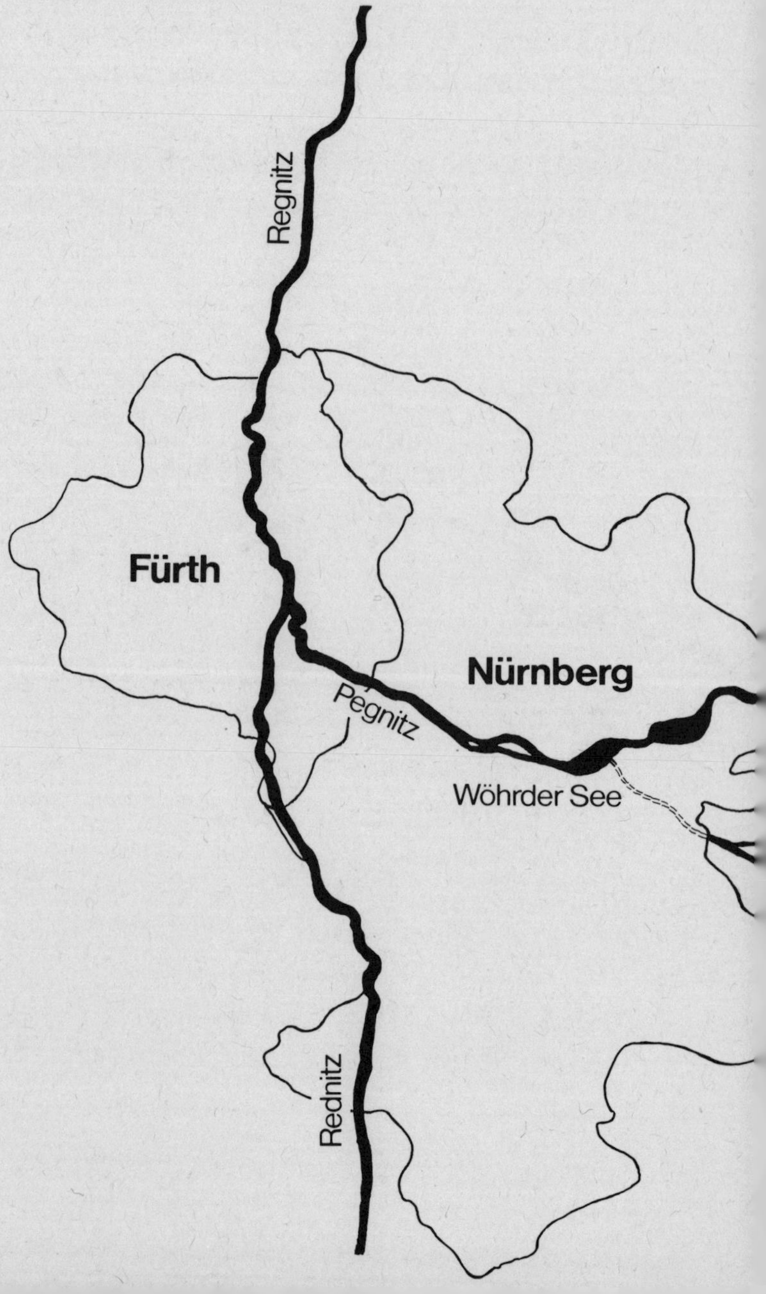

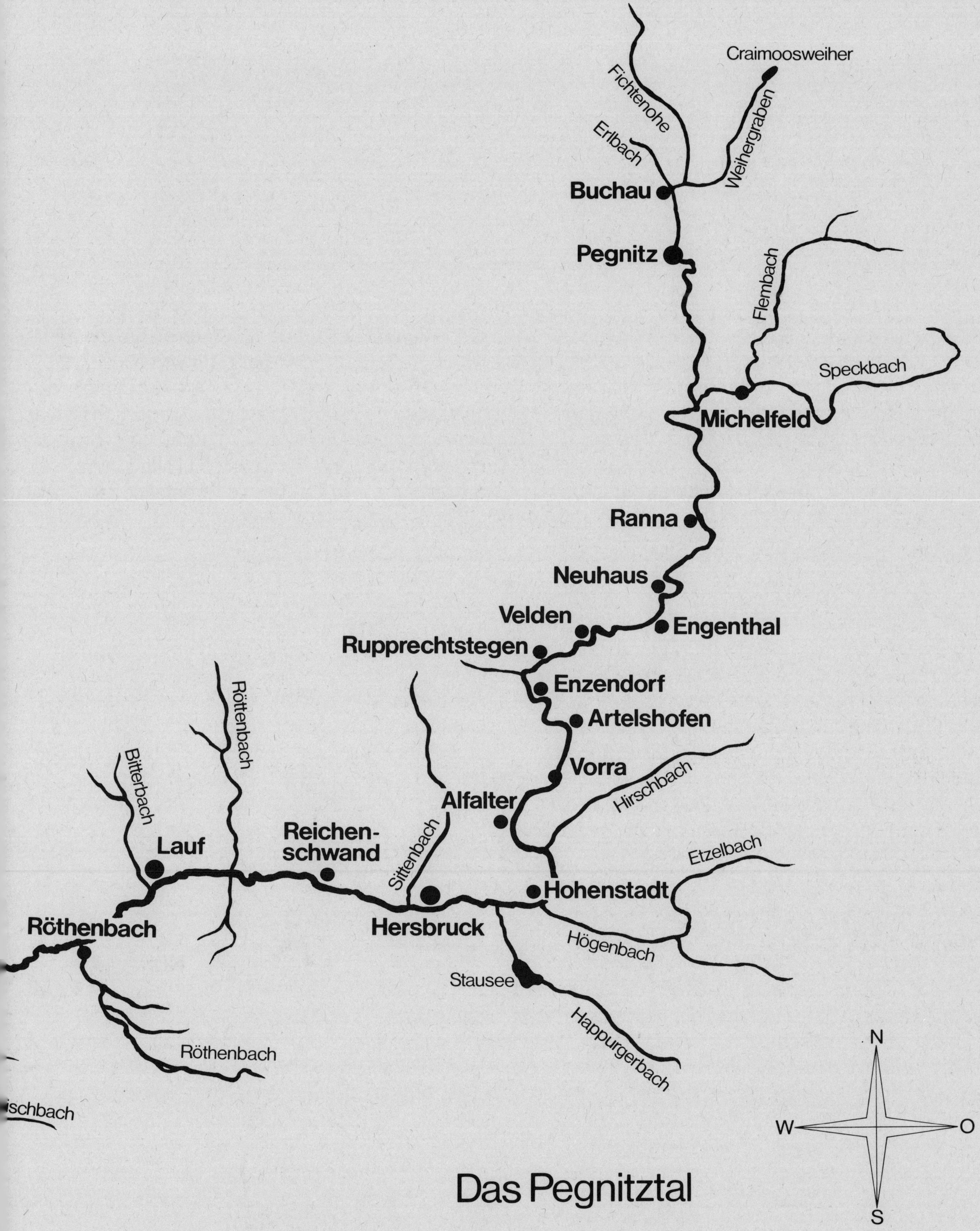

Das Pegnitztal

Nachdem die Fichtenohe ihre Fließkraft an die Turbine eines Sägewerkes der Röschmühle abgegeben hat, verschwindet sie im sogenannten »Wasserberg«, der von der Pegnitz respektvoll in weitem Bogen umgangen wird. Südlich des Wasserberges windet sich die Pegnitz wieder heran und nimmt das Wasser auf, welches der Berg nur zögernd wieder freigibt. Früher jagte man Enten in den Berg hinein, um das Geheimnis des unterirdischen Wasserlaufes zu ergründen – sie tauchten nie wieder auf, und die Forscher blieben weiter ratlos. Dann schüttete man zentnerweise fluoreszierende Farbe in eine der zahlreichen Einflußstellen, lediglich um herauszufinden, daß der unterirdische Wasserlauf viermal langsamer fließt als der oberirdische. Es bleibt die Frage, wodurch diese Verlangsamung bewirkt wird.
Aus ähnlichen Erscheinungen in anderen Kalkgebieten – dazu zählt z. B. der »Blautopf« im Einzugsbereich der oberen Donau – hat man eine ungefähre Vorstellung davon, was sich im Untergrund des Wasserberges abspielen muß: das Wasser dringt in die zahlreichen Spalten und Klüfte des Kalkes ein, erweitert den stark wasserlöslichen Kalk zu einem System aus Schächten und Röhren, welche miteinander verbunden sind und somit eigenen Druck- und Fließgesetzen gehorchen.
Schüttet nun der Berg einmal mehr Wasser aus als gewöhnlich, so denken die Anwohner weniger an kommendes Unheil, sondern eher daran, daß der Besitzer der Röschmühle das Wasser der Fichtenohe verstärkt über seine Turbine laufen läßt.
Die Wasserlöslichkeit des Kalks ist im übrigen verantwortlich für viele morphologische Klein- und Großformen in der Umgebung der oberen und mittleren Pegnitz, welche diese Landschaft für den Erholungssuchenden so attraktiv machen. Die wohl spekta-

kulärste Erscheinung sind die Höhlen der Fränkischen und Hersbrucker Schweiz (als Beispiel sei hier nur die Maximiliansgrotte bei Neuhaus angeführt), Anziehungspunkt für wandernde Schulklassen, denen in Stalagmiten und Stalaktiten eindrucksvolle Zeugen von gelöstem und wieder ausfallendem Kalk vorgeführt werden.

Weiter bieten sich die früheren, harten Kalkriffe der Korallen des Jurameeres, welches vor der Kreidezeit fast ganz Mitteleuropa bedeckt hatte, dem Kletterer unserer Tage als idealer Trainingspartner an. Gleich daneben tun sich mitunter dem Wanderer auf der Albhochfläche trichterförmige Hohlformen von bis zu zehn Metern Durchmesser und bis zu einhundert Metern Tiefe auf: Dolinen, die durch Auslaugung des Kalkes im Untergrund und dem Nachstürzen des Oberflächenmaterials entstanden sind. Besonders ausgeprägt sind diese Erscheinungen am Dolinenfeld um das »Bärenloch« östlich der Autobahnanschlußstelle Veldensteiner Forst.

Verlassen wir die Formenvielfalt des »Karstes« auf der Albhochfläche und folgen einem der Trockentäler – der Name rührt von der fehlenden Wasserführung in der dennoch erkennbaren Tiefenlinie des Tales her – hinab zur Pegnitz und beobachten den Fluß, wie er sich durch ein immer breiter werdendes Tal der Burg Veldenstein bei Neuhaus entgegenschlängelt. Das Gefälle zwischen Pegnitz und Neuhaus ist so gering, daß der Fluß Muße genug hat, jedem Hindernis, das sich ihm entgegenstellt, auszuweichen, Schlingen zu bilden.

Oftmals korrigiert der Mensch den natürlichen Flußlauf und begradigt die Windungen, wonach der Fluß die nicht mehr benutzten Schlingen als Altwasserarme zurückläßt. Die Bewertung solcher Korrektionen fällt im allgemeinen unterschiedlich aus: der Naturschützer freut sich über die so entstandenen Brutnischen selten gewordener Vogelarten und über die neuen Lebensräume von Wassertieren, den Bauern verdrießt die erhöhte Fließgeschwindigkeit der Pegnitz durch ihre Erosionskraft, welche zur Befestigung der Uferböschung zwingt; andererseits werden seine Nutzflächen vor der gewaltigen Eigendynamik des Flusses, wie sie hinter Hohenstadt noch stärker beobachtet werden kann, in Schutz genommen.

Die Talaue vor Neuhaus ist breit und bietet dem wirtschaftenden Menschen Raum für Anbauflächen, Weideplätze und immer wieder vereinzelte Obstgärten. Eine der einleuchtendsten Entstehungstheorien für diese breite Tallandschaft besagt, daß sich ein Teil des oben erwähnten Kreidemeeres vor der Barriere des unter dem Kalk anstehenden Veldensteiner Sandsteins zu einem See gestaut hat, bis sich das Gebiet zwischen Neuhaus und Rupprechtstegen, ausgelöst durch tektonische Vorgänge in der Erdkruste, absenkte und dem Fluß Gelegenheit gab, den weichen Sandstein und den harten Kalk durchzusägen. Als Reste dieses hundert Millionen Jahre alten Sees finden wir noch heute die verlandenden Kammerweiher bei Fischstein.

Der Veldensteiner Sandstein, dessen Entstehung dem Beginn der Kreidezeit zugerechnet wird, bildet ein ausgezeichnetes Wasserfilter, das zu den großartigen Quellfassungen von Ranna führte. Die Stadt Nürnberg bezieht daraus rund 50000 Kubikmeter Grundwasser pro Tag und deckt damit knapp die Hälfte ihres Wasserbedarfs.

Südlich von Neuhaus, den ganzen Flußabschnitt bis Hohenstadt entlang, beginnt der wohl eindrucksvollste Talabschnitt, der an Anmut und Formenvielfalt in ganz Süddeutschland unübertroffen sein dürfte. Hat die Pegnitz erst einmal die Sand- und Kalkstein-

mauer vor Neuhaus durchbrochen, so zwängt sie sich in tief eingeschnittenen Talwindungen durch die Fränkische Alb.
Während Fluß und Straße den Launen der Natur gehorchen und eine Talschlinge nach der anderen miteinander teilen müssen, schuf der Mensch der Eisenbahn eine konsequente Trasse, indem er die Schlingen abkürzte, teils durch eine Vielzahl von Tunnels, teils durch abenteuerlich anmutende Brükkenkonstruktionen, welche dem Reisenden stets neue, überraschende Ausblicke auf die felsenbewehrte Talwandung und auf schmucke, mit Fachwerkhäusern durchsetzte Dörfer gewähren. Ähnlich ergeht es dem Autofahrer, dem Radler, dem Fußgänger, denen kleine Höhlen, wasserlose Rinnen, Geländestufen den Gesteinswechsel anzeigen.
Der Flußwanderer muß auf plötzlich auftretende Stromschnellen zwischen Rupprechtstegen und dem Düsselbacher Schwall achten, die noch Reste jener oben erwähnten Talwasserscheide sind.
Südlich von Rupprechtstegen werden die Hänge des Tales flacher, die Talsohle breiter: Fluß, Straße und Bahnlinie können sich aus dem Weg gehen, konkurrieren nicht mehr miteinander. Für die so charakterisierte Talwanne mit sanften Böschungen sind die Schichten des Lias verantwortlich, auf dessen tonigen Lagen der Hang insgesamt zu Rutschungen neigt und das dem Tal sein eher liebliches Aussehen verleiht.
Stumme Zeugen der erdgeschichtlichen Vergangenheit sind die Riffler-Felsen bei Alfalter, die sich aus den harten Kalkriffen durch Wind und Wasser herauspräpariert haben. Heute zählen sie zu den wohl bekanntesten Kletterattraktionen der Hersbrucker Schweiz.
In Eschenbach bekommt die Pegnitz Gesellschaft:

den Hirschbach, aus dem gleichnamigen Tal mündend, gerühmt als eine attraktive Tallandschaft des Hersbrucker Raumes. Gemeinsam schürfen sie nun das Tal aus, umrunden den Viehberg bei Hohenstadt und biegen nach Westen ab.
Eines der vielen Rätsel, das die Pegnitz noch offengelassen hat, ist dieses Umbiegen nach Westen, ein Charakteristikum, das den Fluß auf allen Karten und Darstellungen unverwechselbar macht, weiß man doch, daß jeder Fluß, der aus Gebirgen kommt, das Bestreben hat, seinen Lauf geradlinig fortzusetzen, also in unserem Fall in südlicher Richtung. Erklärungsversuche gehen dahin, daß der Högenbach, der südöstlich von Weigendorf entspringt, heute zwar kleiner, insgesamt jedoch älter als die Pegnitz sein muß. Der kreidezeitliche Bach aus Rupprechtstegen war demnach nur ein Nebenfluß des Högenbaches. Die spätere Pegnitz hat dann ihre ursprüngliche Richtung verlassen und das nach Westen führende Tal des Högenbaches mitbenutzt, dem Weg des geringsten Widerstandes folgend.
Immer weiter wird jetzt das Tal, bis es bei der Einmündung des Happurger Baches mit rund vier Kilometern seine größte Breitenausdehnung erfährt. Wieder verlangsamt sich die Fließgeschwindigkeit der Pegnitz, ihre Transportkraft läßt nach, mitgeführtes Geröll und gröbere Schwebstoffe werden abgelagert. So hat der Fluß sich selbst Terrassen geschaffen, auf welchen heute Eisenbahn und Straße den gelegentlichen Hochwässern entgehen.
Daß der Fluß seine Erosionskraft noch nicht ganz eingebüßt hat, beweist er den ackerbautreibenden Talbewohnern immer wieder aufs neue, wenn er bei starker Wasserführung in den Schlingen kubikmeterweise Erdreich aus den Böschungen reißt, Bäume entwurzelt und fruchtbaren Boden wegschwemmt. Somit gelingt es dem Fluß, seine Windungen um Zentimeterbeträge pro Jahr talabwärts zu verschieben, oder sie an Schwachstellen zu durchbrechen. Feuchte Wiesen und mit Lockermaterial angefüllte und mit Gras überzogene Altwasserarme bezeugen zwischen Hohenstadt und Lauf die zahlreichen naturbedingten Flußverlegungen der Vergangenheit.
Man bezeichnet derartige Flußschlingen als »Mäander«: schwingt außer dem Fluß auch noch das ganze Tal, so nennt man sie »erzwungene« oder »Talmäander« (zwischen Neuhaus und Vorra), pendelt jedoch nur der Fluß, so spricht man von »freien« oder »Wiesenmäandern« (zwischen Hohenstadt und Lauf). Die Entstehung von Mäandern ist noch weitgehend unerforscht, die Bezeichnung stammt vom griechischen Namen eines Flusses in Kleinasien, der diese Bandstruktur in extremer Form aufweist.
Physikalisch führt man die Schlingenbildung auf den Versuch des Flusses zurück, die Reibung zwischen festem Untergrund und bewegtem Wasser so gering wie möglich zu halten. Dies führt zu einer Pendelbewegung des Stromstrichs, d. h. des Teils des Flusses, der die größte Fließgeschwindigkeit aufweist. Damit werden beide Ufer im Wechsel stärker beansprucht: es entstehen Wiesenmäander. Da viele Flüsse auch nach ihrer Begradigung noch zur Ausbildung von Mäandern neigen, legt man heutzutage die korrigierten Flußläufe bereits in leichten Windungen an, um erneuten Schäden vorzubeugen.
Schon bei Hersbruck wird das Pegnitztal wieder schmäler, ein erneuter Gesteinswechsel im Untergrund kündigt sich an. In einer Reihe von Stromschnellen – im Althochdeutschen »laufe« – durchbricht die Pegnitz die Schichtgrenze des Lias zum Burgsandstein des Keuper, einer erdgeschichtlich noch älteren Gesteinsformation, die der Fluß bis zu

seiner Mündung nicht mehr verlassen wird. Der erhöhten Fließkraft verdanken die Bewohner der Stadt Lauf a.d. Pegnitz nicht nur den Namen ihrer Siedlung, sondern auch das Entstehen zahlreicher kleinerer und mittlerer Gewerbebetriebe, welche die Wasserkraft schon in früheren Zeiten zu nutzen wußten.

Der Begriff Keuper leitet sich vom fränkischen »Köper« ab, d.h. bunter Stoff, und belegt die Vielfalt der Gesteine, die vor etwa 175 bis 200 Millionen Jahren als verfestigte Ablagerungen von damaligen Flachmeeren, Seichtwassern und Festlandaufschüttungen entstanden sind. Die Sandsteine des Blasen- und des Burgsandsteins etwa dienten den frühen Baumeistern der Stadt Nürnberg zum Bau von Burg, Kirchen, Patrizierhäusern und öffentlichen Gebäuden. Die Farbenskala reicht vom warmen Braunrot über dunklere Töne bis ins Violette, aber auch infolge der leicht verwitternden Kornstruktur ins fleckig Graue. Die damit errichteten Gebäude prägen das Ortsbild Nürnbergs und zeichnen mit Farbe und stimmungsvoller Anmut die Altstadt.

Die Pegnitz teilt den Nürnberger Raum in eine nördliche Sebalder und eine südliche Lorenzer Seite, benannt nach den jeweils beherrschenden Kirchen der Altstadt. Ab Lauf begleiten Sandsteinrücken mit markanten Höhen den Fluß: Ludwigshöhe, Eichelberg, Kohlbuck, Platnersberg, Rechenberg, Burgberg im Norden, Schmausenbuck, Hasenbuck im Süden. Zwischen diese Härtlinge des Sandsteinkeuper hat die Pegnitz mit ihren kleineren und größeren Zulieferbächen Talfüllungen aus Sanden, Lehmen, Kiesen und Schottern angehäuft, ein zum Teil recht unsicherer Baugrund, der es zum Beispiel beim Bau der Kongreßhalle nötig machte, bis zu sechzehn Metern tiefe Kies- und Schottersäulen in den

sandigen Boden einzubringen, auf denen der südwestliche Teil des Gebäudes gründet.
Die geschilderten komplizierten Lagerungsverhältnisse erschweren einen Überlick über die Flußgeschichte im Raum Nürnberg-Fürth. Durch Bohrungen auf Tiefen von mehr als 150 Metern hat man jedoch herausgefunden, daß es einmal eine »Urpegnitz« gegeben haben muß, die von Erlenstegen aus über Luitpoldhain, Südfriedhof nach Reichelsdorf führte und dort in einen Fluß mündete – vielleicht einen »Urmain« –, der den Nürnberger Raum zur Donau hin entwässerte. Im Rahmen einer Umkehr der Fließrichtung von Süd nach Nord, verursacht durch Hebungen im Bereich der Schwäbischen Alb und der Plombierung durch den Riesmeteoriten, hat die Pegnitz in mehreren Etappen ihre Mündung wie auch ihr Flußbett nach Norden verlegt, bis es in die heutige Lage gelangte.
Im Stadtgebiet Nürnbergs machte die »Pengertz«, keltisch für »Schlammfluß«, den Bewohnern schon immer viel zu schaffen. Im Jahre 1346 wurde ein sumpfiges und übelriechendes Wohnquartier am nördlichen Ufer beseitigt und Hauptmarkt sowie Frauenkirche erbaut. Der Hauptmarkt wurde seither immer wieder von katastrophalen Hochwässern heimgesucht, von denen die der Jahre 1909 und 1953 den älteren Mitbürgern wohl noch bewußt sein dürften. Von 1953 bis 1956 baute man einen Stollen, der die Hochwässer, insbesondere die der östlichen Altstadt aufnehmen sollte. Wasserstandsmarken an einem Gebäude nördlich der »Fleischbänke« erinnern eindrucksvoll an die damals ständig gegenwärtige Bedrohung.
Als ein weiterer Schutz vor Hochwässern, aber gleichzeitig auch als Erholungsort für streßgeplagte Großstädter wurde der Wöhrder See geschaffen, der zahlreiche Möglichkeiten des Wassersports bietet. Wie überhaupt die Pegnitz selbst im Stadtgebiet vergleichsweise gering mit Schadstoffen belastet ist. Natürlich rümpft der Vorbeigehende auf der Museumsbrücke an heißen Sommertagen gelegentlich die Nase, und der Fremde schüttelt angesichts des mitunter spärlich fließenden Rinnsals etwas verächtlich den Kopf; auch dient die Pegnitz ab der Stadtgrenze nach Fürth als Vorfluter des örtlichen Klärwerks. Alles Einwände, die Zeugnis ablegen von der allgegenwärtigen Umweltverschmutzung unserer Tage. Es gibt aber noch letzte Fischreusen, in denen sich Forellen und Karpfen – müde vom Transport – noch ein letztes Mal im Pegnitzwasser wohlfühlen, ehe sie in den fränkischen Spezialitätenküchen der Stadt verschwinden.
Ob nun hinter der Altstadt Fürths die Pegnitz das »P« aufgibt gegen das »R« der Rednitz, oder ob sich die Rednitz das »g« der Pegnitz aneignet – wer vermag es jemals herausfinden. Auf alle Fälle erlischt der Name »Pegnitz« und wird zur »Regnitz«, deren Wasser sich bei Bamberg mit dem Main verbindet.

»Fließe, fließe, lieber Fluß...«

Die Eger, die Oker oder die Pegnitz bleiben unbesungen. Das liegt nicht nur daran, daß es schwer ist, einen sinnreichen Endreim auf sie zu finden.
Die »Kleinen« haben nur geringe Chancen, in einem Ruhmesgesang in die Literaturgeschichte einzugehen; in die Geschichte – das gelingt eher; denn Schlachten haben Menschen zu jeder Zeit geschlagen, und ein Flüßchen lag allemal nicht weit. Die Zwerge unter den fließenden Wassern schaffen den Eintritt in die Literatur nur dann, wenn sie die Phantasie jener Dichter beflügelten, die als Knaben an ihren Ufern heranwuchsen, flache Steine auf der glitzernden Wasseroberfläche tanzen ließen und später die ersten dicken Liebeskummertränen mit dem Flußwasser vermischten. Der Neckar hatte Riesenglück: Hölderlin besang ihn und machte ihn unsterblich. Aber auch die Ilm kann nicht klagen; wenn der junge Goethe zu frühester Morgenstunde in ihr gebadet hatte und ins Gartenhaus zurückgekehrt war – vielleicht griff er dann zur Feder und rühmte, aus der Studierstube zu ihr hinabschauend, ihre trägen Windungen, ihr geheimnisvolles Antlitz.
Pegnitzwasser scheint kein bekömmliches Naß zu sein, was Dichter betrifft. »O Fluß, mein Fluß im Morgenstrahl!« Ist sie's nicht doch, die meist fügsame Pegnitz, brav und schmal und von der ersten Sonne zum Leuchten gebracht? Sie ist es nicht, denn Eduard Mörike nannte das Gedicht »Mein Fluß«, und er hat die Pegnitzauen nie betreten. »Wie eines Stromes Dringen geht unser Lebenslauf«, und das muß einfach die Pegnitz sein, denn sie bahnt sich – dem menschlichen Dasein gleich – ihren komplizierten Weg in Mäandern durch die Wiesen; Joseph von Eichendorff hat das Wort gesagt, und auch er blieb den Pegnitzgründen fern. Aber jetzt: »An der Quelle saß der Knabe, Blumen wand er sich zum Kranz«.

Wer hindert uns, Friedrich Schillers Zeilen auf unser Wasser zu beziehen, auf die Quelle, die den Pegnitzern so teuer? Es sind schon die nächsten beiden Zeilen, die den Traum zerstören: »Und er sah sie fortgerissen, treiben in der Wellen Tanz«. Der Wellen Tanz – das sieht gar nicht so recht nach Pegnitz aus. Pech, denn Schiller weilte in der Gegend, und es hätte so schön sein können.
Der Fluß hat's den Dichtern – natürlich auch den Komponisten und den Malern – angetan. »Seele des Menschen, wie gleichst du dem Wasser! Schicksal des Menschen, wie gleichst du dem Wind!« singen Goethes Geister über den Wassern. Ein Fluß regt an zum treffenden Bild, zum Vergleich, zur Parabel, er verändert sich und damit die Landschaft, er ist heute nicht mehr so, wie er gestern war und morgen sein wird. Panta rhei, sagt Heraklit, alles fließt – aber ein Bach, ein Fluß, ein Strom fließen sichtbar. Smetana hat den Weg der Moldau in Musik gesetzt: die murmelnde Quelle, die zusammenrieselnden Bäche, das Anwachsen der Gewalt, den überwältigenden Rhythmus, das Toben vor der Mündung – ein tonmalendes Meisterwerk. Aber die Pegnitz ist nicht die Moldau, sie ist fließendes Leben im Kleinen, 117 enge Kilometer kurz, bescheiden gegen die Großen, aber gewiß nicht ohne Reiz. Mehr ein Flüßchen für den Wanderer, den Naturbeobachter, den Botaniker, Freude für einen Mikrokosmiker.
Es ist ein Ärger mit den Dichtern. An vielen Flüssen haben sie ihren Stimmungen nachgehangen, viele Wasser haben sie besungen, aber nur die wenigsten beim Namen genannt. Auch Goethes unruhiges Gewässer bleibt namenlos:

.....

Fließe, fließe, lieber Fluß!
Nimmer werd' ich froh,
So verrauschte Scherz und Kuß,
Und die Treue so.

.....

Rausche, Fluß, das Tal entlang,
Ohne Rast und Ruh,
Rausche, flüstre meinem Sang
Melodien zu,

Wenn du in der Winternacht
Wütend überschwillst,
Oder um die Blütenpracht
Junger Knospen quillst.

.....

Goethe hat den Mond nicht näher bezeichnet, dem das Poem gewidmet ist, weshalb den Fluß? Die Flüsse der ganzen Welt sind sich ähnlich in ihrem Wesen, wenn auch nicht in Länge, Macht und Erfahrung. Was Goethe in der Hymne »Mahomets-Gesang« geradezu jubelnd ausdrückt, gilt für alle, die Benannten und die Unbenannten, für die riesigen Arme, die Länder zerteilen, für die Wurzeln, die aufgehen in einem Größeren:

Nun tritt er
In die Ebne silberprangend,
Und die Ebne prangt mit ihm,
Und die Flüsse von der Ebne
Und die Bäche von Gebürgen
Jauchzen ihm und rufen: Bruder,
Bruder, nimm die Brüder mit,
Mit zu deinem alten Vater,
Zu dem ew'gen Ozean,
Der mit weitverbreit'ten Armen
Unsrer wartet.

Der ew'ge Ozean – träumt von ihm auch die Pegnitz, wenn sie rascher und rascher durch Neuhaus, Velden, die Mühlenstadt Hersbruck, durch die Stadt Lauf, bei deren Namensgebung der Lauf des Flusses Pate war, der Vereinigung mit der Rednitz zutreibt? Lange schlummerte die Landschaft in der Verborgenheit, nur im Bewußtsein ihrer Bewohner und der seltenen Gäste gegenwärtig, bis der Schriftsteller Dr. Friedrich Mayer und der Stahlstecher Alexander Marx sie 1844 auch literarisch existent werden ließen: »Das malerische Pegnitzthal« hieß das Buch, und ab da war die Pegnitz gesellschaftsfähig.
Lange vorher allerdings, um 1480, spielte die Landschaft an der Pegnitz, unmittelbar vor den Toren der alten Reichsstadt Nürnberg, eine wichtige Rolle: die große Festwiese der Meistersinger lag hier, wie sie Richard Wagner in seiner Oper dargestellt hat; Kunstdarbietung unter freiem Himmel, inmitten des Volkes. Der Nürnberger Hans Sachs, der in der Fremde die Berufung zum Dichter fühlte, kehrte zurück und machte binnen kurzer Frist die Meistersingerschule

zur bedeutendsten landauf, landab. Freilich ging dabei ihr ursprünglich humanistischer Zug verloren – das Ganze nahm eine stark handwerkliche Wendung. 1532 verfaßte Eoban Hesse Verse in der Schrift »Urbs Norimberga illustrata«, in der er Stadt und befestigte Gemäuer rühmt und die Pegnitz preist, die für ihn Peneus ist, ein Strom in Thessalien; schließlich war Hesse Humanist, der in Latein dichtete, sich Hessus nannte und dem die Bezüge zur Antike unerläßlich schienen.

Der nach Sachs zweite große Sohn der Stadt – nimmt man nur die Dichter – heißt Georg Philipp Harsdörffer. 1644 gründete er zusammen mit Johann Klaj den Pegnitzorden, auch Pegnesischer Blumenorden genannt oder gar Löbl. Hirten- und Blumenorden an der Pegnitz. Er vereinigte einige feinsinnige Dichter und Denker, die sich schäferlich gaben und sich im Hirtengewande in einem Garten vor der Stadt (später von einem wohlhabenden Mitglied in einen »Irrhain« umgewandelt) ihre barocken und empfindsamen Verse vorlasen. Zum Vielschreiber Harsdörffer und zum genialischen Klaj stieß als dritte bewegende Kraft des Ordens Siegmund von Birken, ein Egerländer aus Wildstein. – Man sollte das, was sich hier zu dieser Zeit vollzog, nicht geringschätzen: eine kulturelle Hochblüte, die vom Rat der Stadt gefördert wurde; er lud Dichter ein, gewährte ihnen Schutz, ohne Einfluß nehmen zu wollen – ein früher Liberalismus. Ihm ist es zu verdanken, daß die Kunst in dieser frühen Gesellschaft festen Fuß faßte. Der Pegnitzorden, ein konventioneller Vorläufer des Göttinger Hainbunds, lebte von der Schäferidylle, er liebte in seinen schriftstellerischen Werken die Allegorie und zeigte sich in seiner Poetik der dekorativen Formkunst der Bilder und Klänge verhaftet.

Und nun endlich hatte wirklich einer die Pegnitz beim Namen genannt; Harsdörffer (1607–1658) setzte in den »Pegnitzversen« der Gegend von Nürnberg-St. Johannis ein literarisches Denkmal:

Da die schlanke Pegnitz fließet in dem schönen Wiesental
Da sie dieses Land durchgießet, und die Blumen ohne Zahl
In den grünen Auen frischt, da der Vogel lieblich singet,
Da die Wollenherde tischt, und mein Schäferspiel erklinget,
Da die hohen Bäume schatten, da das Bienlein Blumen bricht
Da die Fische sich begatten, und der Fischer Reusen richt
Da die kleine Mücke summt, und die falschen Angeln schwimmen
Da so manche Mühle brummt, und die Hirten Pfeifen stimmen
Da spaziert ich auf und nieder, als ich etwas rauschen hört
Und bedachte wie nicht wieder Zeit und Fluß zurücke kehrt.
Ich ersahe nächst dem Pfad, daß der schnelle Strom umlenkte
Ein erhabnes Wasserrad, so die Blumenwiesen tränkte:
An den Felgen war zu sehen manches tiefes Schöpfgefäß,
Deren jedes, in dem Drehen, brachte seinem Halt gemäß
Wasser, welches abgewandt, schlürfte durch die trägen Auen
Die der Sonnenstrahl verbrannt, und verzehrt das Morgentauen.

Friedrich Schiller hat später in einem spöttischen Vers die Pegnitz sprechen lassen:

»Ganz hypochondrisch bin ich vor langer Weile
geworden
Und fließe nur fort, weil es so hergebracht ist.«

Gewiß galt der Spott weniger dem Fluß als vielmehr dem zu Schillers Zeit antiquierten Pegnesischen Blumenorden und jenen, die ihm neuen Atem einzublasen versuchten. Vielleicht war neben anderen der Nürnberger Mundartdichter Johannes Konrad Grübel gemeint, der sich in seinen literarischen Arbeiten auch mit der Pegnitz befaßte; daß er 1808 in den Blumenorden aufgenommen wurde, deutet auf Wiederbelebungsversuche des poetischen Bundes hin; ansonsten war Grübel ein akzeptabler Autor, dessen Erzählungen Goethe schätzte, weil sie sich durch scharfe Beobachtung und exakte Genrebilder auszeichnen.
1846/47, nach dem Tode des Dichters, erschienen Clemens Brentanos Märchen. In einem davon, im »Märchen von dem Rhein und dem Müller Radlauf«, das bereits 1811 geschrieben worden war, treten etliche deutsche Flüsse als Personen auf, auch die Flüsse Frankens: ». . . die edle Nordgauerin, die Regnitz, mit ihren Gespielen, der kunstreichen Pegnitz, der Wiesent und Aysch.« Und eine Nymphe charakterisiert unseren Fluß aus dem Blickwinkel des damals Sinnfälligen:

Ich, die Pegnitz, sinnreich heiter,
Bring den Kindern Spielerei:
Trommeln, Pfeifen, Puppen, Reiter
Führ aus Nürnberg ich herbei.

Merkwürdigerweise ließ sich Gerhart Hauptmann, der Schlesier, zur Niederschrift eines Werkchens mit dem Titel »Das Pegnitz-Weibchen« anregen; es handelt sich um ein dramatisches Märchen, eine kleine Arbeit, mehr eine Fingerübung des großen Naturalisten, der ein Faible für neuromantische Sagen-, Mythen- und Märchenstoffe hatte. Im Jahre 1931 erschien das Mundartbüchlein »An der Pengertz hellem Strande«, verfaßt von dem Dialektdichter Paul Ries, der unter dem Pseudonym Pausala schrieb.

Weit Wichtigeres als das, was die Literaten dieser Landschaft zuwege brachten–nimmt man Weltgeltung als Maßstab–, war das, was sich in der Malerei vollzog. Albrecht Dürer, Nürnbergs bedeutendster Künstler, malte hier an der Pegnitz das allererste Aquarell, das je gemalt wurde. Die »Drahtziehmühle«, 1494 geschaffen, die Bilder von der Groß- und Kleinweidenmühle, vom Trockensteg, vom Weiherhäuschen–das war die Epoche, in der die Landschaft Gegenstand der Kunst wurde; der Mensch hatte seine alltägliche Umwelt betrachtet und für darstellungswürdig befunden, er hatte sie in einem überhöhten Sinne neu gewonnen. Andere machten es Dürer nach, Peter Isselburg stach das Angersche Weiherhäuslein, im Pegnitzgrund von St. Johannis gelegen, in Kupfer; es existieren Kupferstiche vom Poetenwäldchen (Deutschherrnwiese), vom Inneren der Geishöhle bei Velden, es gibt Feder- und Bleistiftzeichnungen vom Zusammenfluß von Pegnitz und Rednitz, von Behringersdorf und vielen anderen Landschaften und Bauten. Dürer hat den Malern und Zeichnern in aller Welt ein weites Feld geöffnet, hier an den lieblichen Pegnitzauen.
Und hierher kamen um 1600 niederrheinische und niederländische Künstler, außer Isselburg, Jan Brueghel und Caspar Luyken, noch viel später die Romantiker, unter ihnen der Schwabe J. Ch. Xeller, der 1814 hier zeichnete, der Nürnberger J. J. Kirchner, dessen bekannteste Blätter die Katharinenmühle und die Deutschherrnwiese zeigen. 1844 beschrieb dann der bereits erwähnte Friedrich Mayer »Das malerische Pegnitzthal«; das Titelblatt trägt das Bild der Pegnitzquelle.

Nie steht die Zeit still. Wir können sie ebensowenig fassen und halten wie den Lauf des Wassers, dessen Wirklichkeit in seinem ewigen Wechsel besteht. »Am farbigen Abglanz haben wir das Leben«, wußte der Weimarer. Verhalf ihm der Anblick eines Flusses zu dieser Erkenntnis?

Frühling

Sonnenaufgang bei Engenthal

Seite 25 und Seite 26/27:
Mäander zwischen Hohenstadt und Hersbruck

Morgenstimmung vor Alfalter

Erste Sonnenstrahlen bei Fischstein

Schafhirten haben im Pegnitztal Tradition

Bildstock und Kruzifix bei Michelfeld

Sommer

In der Strömung

Seite 38: Die Rifflerfelsen über Alfalter
Seite 39: Flußkühlung bei der Mühle in Velden

Spiegelung am Mühlwehr in Velden

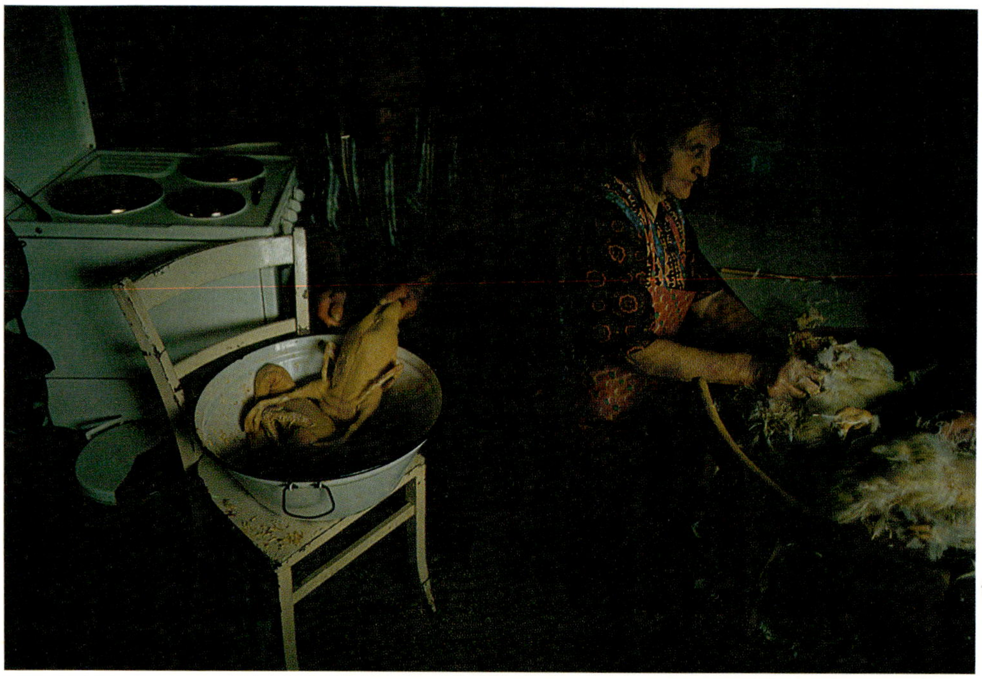

Landleben im Pegnitztal

Sommernachmittag vor Neuensorg

Altwasserarm bei Fischstein

Alte Menschen am Fluß,
in Engenthal (links),
an der Weidlwanger Mühle
(rechts)

Einöde Griesmühle

Farbmühle in Hainbronn

Jahrzehnte vergingen, die Mühle verfiel,
die Buche schloß den unnützen Mühlstein ein;
oberes Pegnitztal

Wasserrad der Harnbacher Mühle

Lauf
links: Blick auf den Judenturm
In der Schleiferei Reichel
unten: Innenhof des Hammerwerks Engelhardt

Lauf
Wehr beim Hammerwerk Engelhardt
In der Kunstmühle Barth

Hopfenanbau zwischen
Hohenstadt und Ottensoos

Trocknen der Hopfendolden nach Altväterart

Reste des Wasserschlosses Oberbürg
rechts: Wasserpflanzen im Licht

Herbst

Landhäuser
zwischen Eschenbach
und Hohenstadt

Wasserräder, Mühlen und Fabriken

Als Alexander Marx 1844 in dem von Friedrich Mayer verfaßten Band: »Das malerische Pegnitzthal« Illustrationen mit dem Stahlstichel zeichnete, entstanden Bilder von fast mittelalterlich-bäuerlicher Symbolik. Schmale Fachwerkhäuser mit steilen Giebeln und aufstrebenden Türmen prägen die Stadtansichten, auf den Pegnitzwiesen sind große Wäschestücke zum Trocknen und Bleichen ausgelegt, ein Müller befördert einen Sack Mehl auf einem einfachen hölzernen Schubkarren, den ein Gehilfe ziehen muß. Lediglich schmale Rauchfahnen, die aus zwei Fabrikschloten in der Nürnberger Vorstadt Wöhrd aufsteigen, mögen erste Vorboten der beginnenden neuen Epoche sein: dem Zeitalter der Industrialisierung. Auf den Marx'schen Stahlstichen, selbst soweit sie Nürnberger oder Fürther Szenen darstellen, ist von dem Fieber, das die Industrialisierung einmal auslösen sollte, noch nichts zu spüren. Das Leben vollzieht sich in wahrhaft biedermeierlicher Beschaulichkeit.
Die Menschen, die je nach Stand und Region unterschiedliche Kleider tragen, wirken gelassen und friedlich; selbst dort, wo sie arbeiten, etwa bei der Ernte, beim Fischen oder beim Lasten tragen, ist keine Hetze spürbar. Insbesondere die Landschaftsbilder besitzen diese Ruhe, das Leben ist noch nicht gestört durch Lärm und hektische Betriebsamkeit. Für einen Augenblick sei es gestattet, sich in diese Zeit zu versetzen. Automobile fuhren noch nicht, die meisten Wegstrecken bewältigte man zu Fuß. Das verbreitetste Fortbewegungsmittel waren Pferdekutschen und diese erreichten normalerweise ein Tempo zwischen 30 und 35 Stundenkilometern. Freilich: die Eisenbahn war schon erfunden, 1835 wurde die erste deutsche Schienenstrecke zwischen Nürnberg und Fürth eingeweiht, 1843 war ein großer Teil der bayerischen Nord-Süd-Bahn bereits gebaut. Viele Zeitgenossen sahen darin eine revolutionäre Entwicklung, und es ist durchaus glaubwürdig – halten wir uns die bis zu diesem Zeitpunkt vorherrschende Gemächlichkeit des Lebensvollzugs vor Augen – daß die Eisenbahnreisenden sich an das »unheimliche Gefühl des Geschossenwerdens erst gewöhnen mußten« (Schivelbusch). Für viele bewirkte diese Steigerung der Geschwindigkeit eine Zerschlagung überlieferter Raum-Zeit-Verhältnisse, eine Verflüchtigung der Wirklichkeit.
Doch bleiben wir zunächst noch bei Friedrich Mayer und Alexander Marx. Mayer berichtete zwar, daß in den großen Städten Nürnberg und Fürth »die Industrie« sich rasch ausbreitet; dabei ist aber zu berücksichtigen, daß der von ihm verwendete Begriff »Industrie« keineswegs das meint, was unserer Vorstellung nach dem Phänomen »Industrialisierung« zukommt: Entstehung riesiger Fabriken, geordneter und streng gehandhabter Arbeitszeiten und damit einer neuen Zeitökonomie, Entstehung einer neuen Klasse: der Arbeiterschaft. All dies ist noch nicht vollzogen, die Entwicklung trägt noch bescheidene Züge, ihre Dimensionen sind überschaubar, wenngleich für aufmerksame Beobachter die Zeichen einer neuen Zeit erkennbar sind:

»Bei Doos wölbt sich eine feste steinerne Brücke über die Pegnitz, auf welcher die Schienen der Nordgränzbahn gelegt sind, die fast in paralleler Richtung mit dem Kanal von Nürnberg her nach Erlangen und Bamberg zieht. Dort ist ein schöner Punkt zur Betrachtung der materiellen Fortschritte, welche das Glück der Gegenwart ausmachen. Zwei sich kreuzende Eisenbahnen, die niedliche Nürnberg Fürther, unter welcher die Wasserstraße des

Ludwigkanals wegläuft und die große Nordgränzbahn. Auf beiden Bahnen brausen rasche Lokomotiven mit langen Wagenzügen entgegengesetzten Richtungen zu und von den langsam dahingleitenden Kanalschiffen flattern munter hellfarbige Fahnen. Wenn sie aufsteigen könnten aus ihren Gräbern unsere Vorfahren mit dem Complexe ihrer bedächtigen Zeit, wie würden sie sich wundern ob der gänzlichen Umgestaltung der Verhältnisse. Und was werden die erleben, die nach uns kommen? Halten Raum und Zeit aus in der Gewährung der Kräfte der Natur und des Geistes, so werden spätere Geschlechter, das als ihre Errungenschaft benutzen, und genießen, worauf wir nun bloß durch leise Ahnungen geführt werden.«
(F. Mayer, Das malerische Pegnitzthal, 1844, Seite 75/76).

Ebenso wie Mayers Vorfahren sich wundern würden »ob der gänzlichen Umgestaltung der Verhältnisse« wären seine Zeitgenossen – so ist anzunehmen – heute erstaunt über die Veränderung der Lebensumstände durch die immer schneller vordringende Industrialisierung. Die Erschließung des Raumes und die Verkürzung der Reise- und Transportzeit durch die neuen Verkehrsmittel hat 1844 begonnen. Aber die Fabrikentwicklung steht erst am Anfang, es werden eher noch handwerkliche Produkte gefertigt. So in Fürth, wo »die Industrie . . . eine Hauptquelle des Erwerbs« bildet (Mayer), in den Fabriken jedoch Tabak, Spiegel, Strumpfwaren, leonischer Gold- und Silberdraht, geriebene Bronzefarben und Blattgold hergestellt werden. Mehr als 50 Arbeiter hat selten eine Fabrik, auch in Nürnberg ist dies noch kaum anders. Die Stadt zeigt sich im verblichenen Glanz ihrer reichsstädtischen Zeit: ein wenig verschlafen, ein wenig bieder, gotisch-mittelalterlich und deutsch-gemütlich – zumindest wenn wir den Schilderungen von Mayer Glauben schenken wollen. Wir wissen allerdings, daß sie einen Teil der Wirklichkeit ausblenden, denn das beginnende Zeitalter hatte sich mit einem deutlichen Signal angekündigt: Nürnberg wird durch den Eisenbahnbau geradezu in die industrielle Entwicklung hineingetrieben und ist einige Jahrzehnte später die bedeutendste Industriestadt Bayerns.

Die Ankündigungen dieser »neuen« Zeit verlieren sich vollends, wenn man aus der Stadt heraustritt und pegnitzaufwärts geht. Die Zeichnungen von Alexander Marx zeigen nun mittelalterlich-bäuerliches Leben. Dabei kommt dem Fluß selbst besondere Bedeutung zu: er bewahrt den Charakter von Ruhe und Beschaulichkeit, der in dieser Landschaft liegt. In seinen Verlauf, in die Biegungen und Linien, die er vorgibt, die breiten Mäander, die er ausgewaschen hat, haben sich die Menschen eingefügt. Bauern und Müller sind die auffälligsten Figuren des ländlichen Lebens, ab und zu ist ein Hammerwerk oder eine Schleifmühle am Fluß angesiedelt. Daneben gibt es noch einige Ziegelhütten, Gerbereien und Spiegelglasschleifereien – ein für diese Region typisches Gewerbe. Jahrhundertelang war man auf die natürliche Wasserkraft des Flusses angewiesen – daneben gab es nur den Pferde- oder Ochsengöpel und die menschliche Kraft. Die Einführung der Dampfmaschine ermöglichte erstmals die Unabhängigkeit von den natürlichen Kraftquellen. Im Pegnitztal blieben aber bis weit in das 20. Jahrhundert hinein die stetig drehenden Wasserräder auffällige Zeichen für die Kräftenutzung des

Flusses. Im Jahre 1904 hat Adolf Specht, Bauamtmann am »Kgl. Bayer. Hydrotechnischen Bureau« in München eine Untersuchung über das Pegnitzgebiet mit seinem Wasserhaushalt bearbeitet. In exakten Forschungen wird festgestellt, daß die Pegnitz an Wasserkraft 2634 verfügbare Pferdestärken besitzt, hiervon sind 59% ausgenützt. Im Gesamtverlauf des Flusses finden sich 59 Wasserkraftanlagen, beginnend mit der Röschmühle, 116 km von der Mündung entfernt gelegen, bis zu den Fürther Mühlen, 1,8 km von der Mündung. Viele dieser Anlagen sind Getreide- und Sägemühlen, hinzu kommen Hammerwerke, Bronzefabriken, andere Metallwerke und – im Nürnberger Gebiet – Holz- bzw. Bleistiftfabriken.
Allein innerhalb der Stadt Lauf sind 4 Stauwerke angelegt: am ersten Wehr befinden sich 2 Kunstmühlen sowie die Reichelsche Schleife, am zweiten Wehr ebenfalls 2 Kunstmühlen, 1 Papierfabrik, deren Besitzer Mahla, Schwiegersohn von Johannnes Zeltner, ist. Sie ging aus der Ultramarinfabrik Zeltner hervor, einem »Zweigwerk« der Nürnberger Firma. In Lauf wurde »Ultramarinrot« hergestellt, ein Farbstoff, für den die Zeltnerwerke das Deutsche Reichspatent Nr. 1 verliehen bekamen. Des weiteren liegen hier das Engelhardtsche Hammerwerk sowie das Elektrizitätswerk der Stadt Lauf. Zwischen zweitem und drittem Wehr gibt es eine weitere Kunstmühle und Säge, am dritten Wehr wiederum zwei Kunstmühlen. Eine Drechslerei liegt zwischen drittem und viertem Wehr, und an letzterem findet sich rechts und links je ein Bronzewerk sowie rechts eine Hammerschmiede. Auf einer Flußstrecke von 600 Metern wird die Kraft des Wassers extensiv ausgenutzt und dies noch zu einer Zeit, wo in den großen Zentren die Industrialisierung weit fortgeschritten war. Man darf nicht ohne weiteres behaupten, dies hätte an der Rückständigkeit des ländlichen Raumes gelegen, denn auch in Nürnberg werden noch insgesamt 11 Wasserkraftanlagen betrieben – Mühlen, Bleistiftwerke, metallverarbeitende Werke, Pumpen, Elektrizitätsanlagen, etc. – mit zusammen 47(!) Wasserrädern und 2 Turbinen und das auf einer Strecke von nur 2700 Metern. Vielfach gab es – insbesondere bei Niedrigwasser im Sommer – Streit um die Wasserkraft, die Stadtarchive von Nürnberg und Lauf haben in ihren Registraturen Stapel von Prozeßakten.
Die Anlagen der Stadt Lauf sind in wichtigen Teilen erhalten und bilden heute eine Art industriegeschichtliches Ensemble. Durch eine Initiative des Stadtrates und der Altstadtfreunde wurde nun begonnen, das erste Wehr instandzusetzen und die Reichelsche Schleife mit dazugehörigem Wasserrad zu restaurieren. Das Engelhardtsche Hammerwerk, in dem bis 1972 gearbeitet wurde, soll in den nächsten Jahren ebenfalls restauriert werden. Geplant ist ein kleines Freilandmuseum, welches den Charakter einer frühindustriellen Flußlandschaft tragen soll.

Große Bedeutung als technische Vorläufer der Industrialisierung besaßen Hammerwerke, die es bereits im 12. Jahrhundert im Pegnitztal gegeben haben soll. Die mit »Hammer« bezeichneten Anlagen, die sich in sehr vielen Orten des Tales nachweisen lassen, waren große Hammerschmieden, in denen man mit Hilfe größerer Hämmer Eisenschienen, Pflugscharen, Sensen, Schaufeln etc. herstellte – in erster Linie Arbeitsgeräte für Bauern und Handwerker. Darüber hinaus wurde hier das Erz, das aus Arzberg bei Pegnitz, aus dem Erzbergbau von Pegnitzstein und Plech sowie aus der Oberpfalz

zugeführt wurde, an Ort und Stelle geschmolzen. Die Verhüttung erfolgte durch Holzkohlefeuer, mit denen man unter Zuhilfenahme von Blasebälgen hohe Temperaturen erzeugen konnte. Diese Blasebälge waren meist auch durch Wasserräder in Betrieb gesetzt. Die Kraftübertragung im Inneren des Hammerwerkes erfolgte vom Wasserrad über eine Zahnradübersetzung auf eine Haupttransmissionswelle, von welcher über verschiedene kleinere Transmissionsbänder die einzelnen Maschinen – Bohrer, Säge, Schleifmaschine – betrieben wurden.
Manche dieser Hammerwerke konnten auch nach Einsetzen des industriellen Wandels weiterbestehen, einige arbeiteten gar noch in den 50er Jahren unseres Jahrhunderts. Dies lag wahrscheinlich an der traditionellen Bindung der Menschen an diese Produktionsform: mit der industriellen Revolution vollzog sich zwar ein Bewußtseinswandel, es dauerte aber sicher mehrere Generationen, bis sich die neue Wirtschaftsmentalität allgemein durchgesetzt hatte. Gegen diese Bewußtseinswandlung bildeten Hammerwerke eine quasi natürliche Barriere. Andererseits ist das Überdauern sicher dem handwerklichen Geschick der Hammerwerksmeister und -gesellen zuzuschreiben. Niemand konnte so sehr wie sie individuelle Wünsche erfüllen, konnte mit kunstfertigen Händen dem Eisen Form geben. Dabei hat es Hammerwerksanlagen gegeben, welche die Fabrikform fast vorwegnahmen. Das wohl bemerkenswerteste Beispiel an der Pegnitz ist die Industrieansiedlung HAMMER in Laufamholz, etwa zehn Kilometer vom Zentrum Nürnbergs entfernt gelegen.
Der Ortsteil Hammer ist heute noch in vielen Teilen erhalten. Er bildet eine der bedeutendsten und zugleich reizvollsten Anlagen einer befestigten »frühen« Industrieansiedlung. Die Ortschaft hat den Charakter einer »Miniatur-Stadt«. Sie ist von einer niedrigen Sandsteinmauer umgeben, die einst Abgrenzung und Schutzwall gewesen war. Der Zutritt ist nur über zwei Einlässe möglich, dem westlichen, flußabwärts gelegenen großen Sandsteintor sowie dem ehemaligen Osttor, dessen Torbogen heute nicht mehr existiert. Um den großen Christoph-Carl-Platz gliedert sich das gesamte Ensemble. Kommt man von Westen, so liegt rechts zunächst die Wagenremise mit Kutscherwohnung, anschließend das 1943 durch Bomben zerstörte Herrenhaus, aus dessen Parkettfußboden heute Gras und Sträucher herauswachsen, danach das ebenfalls zerstörte, nur in den Grundmauern erhaltene Wirtshaus »Einkehr zum Hammer« und anschließend ein noch bewohntes Arbeiterhaus. Am Osttor angelangt, liegt links die Messinggießerei, dahinter das Trafohaus. Wandert man vom Osttor zurück, so folgt rechts zunächst das Verwaltungsgebäude, in dem sich ein sehr gut erhaltenes Kontor aus den 20er Jahren findet. Im ersten Stockwerk dieses Hauses wohnt heute die Familie von Forster, die bis 1977 Besitzer der kleinen Ortschaft war.
Nun folgt der Durchgang zum Fluß, dort lagen ehemals die Produktionsstätten: das Hammerwerk, das Messingwalzwerk mit Schmiede und Reparaturschlosserei, dann das Wehr mit Turbinenhaus und die Schützenanlagen. Geht man oben weiter, so folgt nach diesem Durchgang das ehemalige Schulhaus samt Lehrerwohnung sowie ein weiteres Arbeiterwohnhaus. Quer zum Platz, ihn abschließend, steht das im 17. Jahrhundert erbaute zweigeschossige sogenannte »Uhrenhaus«. Es ist das heute auffälligste Gebäude, enthielt einst sechs, zeitweilig gar acht Wohnungen – darunter eine

Schreibstube des Herrschaftsgerichts, denn die Hammerwerke hatten Gerichtshoheit, – außerdem befindet sich in einem kleinen Fachwerkgiebel in der Mitte der Ostseite des Hauses das zentrale Zeitmeßgerät für »den Hammer«: eine ca. 300 Jahre alte Stundenuhr mit Schlagwerk. Durch zwei Außentreppen, die schräg von rechts und links zur Uhr hinaufführen, waren auch die beiden obersten Wohnungen erreichbar.
In der Mitte des Christoph-Carl-Platzes findet sich eine Besonderheit: ein Obelisk, der eine eigene Geschichte erzählen kann. 1709 hatte Johann Christoph Volkamer in seiner barocken Gartenanlage in Gostenhof unweit des Plärrers diesen Obelisken aufstellen lassen. Es handelte sich um den Nachbau eines Obelisken, den er in Konstantinopel auf einer Geschäftsreise entdeckt hatte. Das barocke Nürnberg besaß eine ausgeprägte Gartenkultur. Um Johannis rings des Stadtgrabens bis Wöhrd befanden sich ungefähr 160 Gartenanwesen. Den besonderen Stolz jedes Gartenbesitzers bildeten die Orangen- und Zitronenbäume, von denen man bis zu 65 Arten unterschied. Volkamer gab 1708 ein umfassendes Werk »Nürnberger Hesperiden« heraus, in welchem er diese Gartenkultur beschrieb. Dabei wird der Obelisk gesondert erwähnt, denn er rief bei seinen Zeitgenossen ausgesprochenes Erstaunen hervor. Nach der Auflösung des Volkamerschen Gartens 1861 wanderte der Obelisk nach »Hammer« – die Ortschaft gehörte zu dieser Zeit der Familie von Forster, die mit den Volkamers verschwägert waren. Die Hammerlinie der Familie Volkamer starb aus, so daß das Fabrik- und Landgut an die von Forster überging. Die Säule steht dort noch heute als Erinnerung und Sehenswürdigkeit.
Hammer war bereits im 17. Jahrhundert durch seine Messingproduktion zu hoher Blüte gelangt. 1820 befanden sich dort folgende Produktionsstätten: vier Langgoldhämmer, fünf Messinghämmer, drei Metallsägen, eine Stampfe, vier Drahtzüge, zwei Glühöfen für Drähte sowie vier Gebäude zum Messingglühen. 1804 erbaute Kuppler ein Walzwerk für Messingbleche; damit entsteht eine neue, rationellere Methode der Metallverarbeitung: die Hämmer werden ersetzt durch das Walzwerk, ein bedeutender Entwicklungsschritt auf dem Weg zur Industrialisierung. Kuppler war übrigens Konstrukteur des Nürnberger Kettenstegs, der ersten eisernen Brückenkonstruktion über die Pegnitz (1824).

Die Antriebskraft für die gesamten Produktionsanlagen lieferten ursprünglich sechs unterschlächtige, von der Pegnitz angetriebene Wasserräder, ein weiteres Rad trieb die noch bestehende Mühle. In Hammer wohnten 140 Einwohner in 37 Wohnungen, davon waren 21 Arbeiter. All dies verdeutlicht, daß der Ort zu Beginn der Industrialisierung eine eigenständige, kleine Industriestadt bildete, die durchaus produktiv und lebensfähig war. Dies änderte sich auch nicht sehr durch die nun einsetzende Entwicklung; Hammer konnte bis 1943 seine Eigenständigkeit bewahren. Einerseits wurde das möglich durch ständige Anpassung an die technische Entwicklung und durch die hohe Qualität der Arbeit. 1834 erhielt das Hammerwerk bei der Münchner Industrieausstellung eine silberne Medaille für die ausgezeichnete Qualität seiner Waren; eine goldene Industriemedaille wurde der Firma »Hier. Pius Volkamers Wb. & Forster« in Bombay zuerkannt, da die Spezialfolien in großen Mengen nach Indien gingen und dort zur Deckung von Tempeldächern und Türmchen Verwendung fanden. Andererseits wurde die Leistung durch ein bemerkenswertes System der Sozialversorgung gefördert: Die Besitzerfamilien waren auf diesem Gebiet ihrer Zeit immer schon weit voraus. Nicht nur, daß Wert auf Volksbildung gelegt wurde – seit 1650 gab es in Hammer eine eigene Schule – auch die Sozialleistungen sind bedeutend: Mietfreiheit, Unkündbarkeit, kostenloses Schulwesen und – Rente, sowohl Invaliditäts- wie Altersrente, all dies seit dem 17. Jahrhundert. Die Familie von Forster, seit 1814 Besitzer von Hammer, setzte diese Tradition fort. Witwen und selbst unehelichen Kindern wurde Schutz und Unterstützung zuteil. Auf diese Weise entstand sicher das besondere Gemeinschaftsgefüge des Ortes, das Gefühl eines großen Familienverbandes.

Die Familie von Forster verstand es auch, die Produktionsstätten in Hammer den Erfordernissen der Industrialisierung anzupassen. 1894 wurde eine Turbine eingebaut, die Kraftstrom für den Betrieb des Walzwerkes erzeugte. Die Wasserräder werden allmählich von den rationelleren Wasserturbinen verdrängt. Das Konstruktionsprinzip der Turbine ergibt einen höheren Nutzungsgrad der vorhandenen Wasserkraft. Herr Herbert von Forster erinnert sich:

»Die Jonval-Turbine war ein sogenannter Langsamläufer. Sie wurde von meinem Vater Ernst und seinem Bruder Hans v. Forster erstellt zum Antrieb der Walzenstraße und hatte ein Riesenschwungrad mit sieben Metern Durchmesser, um die Stöße beim Walzen auszugleichen. An diese Turbine wurde mit einem Getriebe ein Einphasengenerator von Schuckert & Co. angeschlossen. Das gab natürlich immer ein wenig Schwankungen in der Lichtstärke. Wenn im Werk gewalzt wurde und man zugleich mehrere Bleche eingeschoben hatte, wurde das Licht etwas dunkler, und wenn die Bleche durch waren, dann ging es wieder rauf. Das hat die Leute damals nicht gestört.«

Die Hämmer sind ebenfalls 1894 abgeschafft worden und es wurden dafür weitere Walzwerke aufgestellt; zuletzt waren es fünf Walzenstraßen. Seit der Jahrhundertwende hatte man begonnen, Strom an die umliegenden Orte zu verkaufen. Zu diesem Zweck wurde eine eigene Netzversorgung aufgebaut. Herr von Forster erzählt:

»Betrieb eins war das Messingwerk, doch man darf nicht ganz außer acht lassen, daß es auch das Elektrizitätswerk, Betrieb zwei, gab. Das war eine Pionierleistung, die damals vollbracht worden ist. Von hier aus wurden, 1901 beginnend, schließlich 36 Ortschaften mit Strom versorgt. Das war der Stand 1930. Mein Vater hatte 1922 aufgrund des ansteigenden Strombedarfs eine Francis-Turbine eingebaut. Das Gebiet reichte von Hammer, Laufamholz, Zerzabelshof über Schwaig und Behringersdorf bis zur Ludwigshöhe und bis Leinburg, also das gesamte Moritzberggebiet. Das Netz hat mein Vater gebaut, er hat die Verhandlungen mit den Ortschaften geführt. Damals kam die Elektrizität im größeren Stil, es wurden Straßenbeleuchtungen errichtet und Leitungen in die Häuser verlegt. Bis 1930 waren wir ein kleines Überlandwerk, hatten Turbinenmaschinisten, Monteure und Stromableser, die die Stromrechnungen bei den Kunden kassierten. 1930 hat dann mein Vater das Freileitungsgebiet an das Fränkische Überlandwerk abgetreten. In dieser Zeit hätte man in die Ortsnetze sehr viel investieren müssen – Verstärkung der Querschnitte in den Netztrafos, moderne Überführungen über Straßen-

und Eisenbahnlinien auf Gittermasten. Man hätte sehr viel Geld hineinstecken müssen, für einen kleinen Unternehmer eine zu hohe Summe. So haben wir von 1930 ab die erzeugte Energie an das Fränkische Überlandwerk verkauft unter Abzug des Stromverbrauchs von Hammer, der 4% bis 5% ausmachte. Dies blieb so bis 1977. Der neue Besitzer, die EWAG, erzeugt auch heute nach wie vor Strom. Die alten Turbinen sind noch in Betrieb. Es wurden anstelle meiner Synchron-Hochspannungsgeneratoren Asynchron-Generatoren mit einer Spannung von 380/400 V eingebaut und der Betrieb vollautomatisiert.«
1943 traf ein Luftangriff den Messinghammer und das Pegnitz-Kraftwerk schwer. Die Turbinen wurden zwar wieder repariert, und das Elektrizitätswerk wurde instandgesetzt, doch die Messingproduktion konnte nicht weitergeführt werden. Herr von Forster:
»Wir haben versucht, wieder aufzubauen. Aber es gelang natürlich nur beim Elektrizitätswerk. Das Messingwerk war damals im Krieg nicht kriegswichtig genug, wir bekamen hierfür keine Materialien. Das Elektrizitätswerk konnten wir wieder in Betrieb nehmen, allerdings nach einer endlos langen Bauzeit und nur mit Hilfe der Stadt Nürnberg, die uns Handwerker zur Verfügung stellte. Teilweise haben meine Maschinisten selber gemauert. Ich war zu dieser Zeit in Gefangenschaft. Als ich 1947 zurückkam, war das E-Werk bereits in Betrieb. In diesem Jahr starb mein lieber Vater. Ich habe es dann weitergeführt und 1956 eine moderne Kaplan-Turbine von J. M. Voith, Heidenheim, anstelle der alten Jonval-Turbine eingebaut. Wir hatten, etwa 1950, Pläne für den Wiederaufbau von Hammer eingereicht. Ich habe zunächst daran gedacht, daß man wieder eine Folienfertigung einrichtet, also das Handwerkliche, denn da war man von der Konkurrenz nicht so bedrängt wie mit den handelsüblichen Blechen, die ja nun in ganz anderem Stil mit Bandwalzwerken und Elektroglühöfen hergestellt werden. Das war für mich nicht schaffbar. Aber dann kam, um 1958, die Einbeziehung in das Wasserschutzgebiet. Die Wiedererrichtung von Produktionsanlagen war nun ausgeschlossen, wir beschränkten uns daher auf den E-Werk-Betrieb. Das alte Hammerwerk war damit endgültig stillgelegt.«
Die Energie- und Wasserversorgung AG Nürnberg, die heute zum größten Teil Besitzerin von Hammer ist, will die Anlage erhalten und teilweise wieder aufbauen. Nürnberg erhält damit ein industriegeschichtliches Denkmal, das in Deutschland einmalig sein dürfte. Hier kann Geschichte gegenständlich nachvollzogen werden. Hammer bietet Anschauungsunterricht über die Wandlungsfähigkeit und Widerstandskraft einer sozialen Gemeinschaft im Verlauf von Jahrhunderten. Es dokumentiert auch die Bedeutung des Flusses für den Prozeß der Industrialisierung, dessen Wasserkraft man durch technische Neuerungen in immer stärkerem Maße zu nutzen verstand.

Die eigentliche Erschließung des Pegnitztales erfolgte durch den Bau der Eisenbahn. Eisenbahnstrecken waren häufig ein entscheidender Motor der Industrialisierung. Dadurch wurde es möglich, relativ schnell und kostengünstig Waren zu transportieren und Personen zu befördern.
Im Osten Bayerns beginnt mit der Gründung der »Königlich priviligierten Aktiengesellschaft der Bayerischen Ostbahnen« 1856 das Eisenbahnzeitalter. Es handelte sich um eine private Aktiengesellschaft, welche aufgrund staatlicher

Garantieleistung den Bahnbau betrieb. Im Kreis der ersten Konzessionäre befand sich auch Theodor von Cramer-Klett aus Nürnberg, der durch das Eisenbahngeschäft reüssierte. Er befand sich in Gesellschaft bekannter Namen, wie des Fürsten Maximilian Karl von Thurn und Taxis und des Bankhauses M. A. von Rothschild und Söhne in Frankfurt.

Das Pegnitztal wurde durch eine dieser Bayerischen Ostbahnen teilerschlossen; die Strecke führte auf dem linken Hochufer der Pegnitz von Nürnberg über Lauf nach Hersbruck, verließ dort die Pegnitz und führte weiter über Sulzbach und Amberg nach Regensburg und Landshut. Die Linie konnte 1859 eröffnet werden, bereits ein Jahr vorher war die Linie München–Landshut eingeweiht worden.

Die eigentliche Erschließung des Pegnitztales erfolgte erst nahezu 20 Jahre später durch die sogenannte Fichtelgebirgsbahn. Nach längerer Auseinandersetzung wegen der Linienführung – die Generaldirektion der Bayerischen Staatsbahn wollte zunächst keine Strecke durch das Fichtelgebirge – wurde 1874 die Baugenehmigung für diese Bahn erteilt. Drei Jahre später, am 15. Juli 1877, wurde der Zugverkehr aufgenommen. Vom Bahnhof Nürnberg geht die Strecke ostwärts, überquert bei St. Jobst erstmals die Pegnitz und führt dann rechts der Pegnitz nach Hersbruck. Jetzt zweigt sie nach Norden ab, das Pegnitztal aufwärts, und führt geradlinig durch das enger werdende Juragebirge. Die Pegnitz wird durch hochliegende Stahlträgerbrücken mehrfach überquert, es mußten etliche Tunnels gebaut werden. Zwischen Nürnberg und der Stadt Pegnitz wird der Fluß insgesamt 29mal überschritten, die technischen Aufwendungen waren damit relativ hoch. Gleichwohl hat diese Linie nichts Monströses an sich, wirkt eher bescheiden, fügt sich in die Landschaft ein. Die Linie trägt den Charakter einer Lokalbahn, und kaum jemand ahnt, daß sie einst international bedeutend war, denn am 15. Mai 1900 fuhr erstmals ein »Bäder-Luxusexpress« von Paris über Stuttgart und Nürnberg nach Karlsbad. Damit berührte ein Hauch von Internationalität und Exclusivität das Tal, bedingt durch das Flair eines »besonderen Zuges«, eines »Europäers«. Die Skala dieser »besonderen Züge« reicht vom luxuriösen Bäderexpreß über die Reichsparteitagssonderzüge, die KDF- und Urlaubszüge, den amerikanischen Militärtriebwagen, der nach dem Krieg zwischen Nürnberg und Prag fuhr, bis zu den Schlafwagen-Sonderzügen anläßlich der Moskauer Weltjugendfestspiele.

Für die Bewohner der Dörfer und Städte des Tales waren natürlich nicht so sehr diese »großen Züge« von Bedeutung, vielmehr die tagtäglich mehrmals verkehrenden Eil- und Personenzüge, welche Mobilität erzielten, es ermöglichten, »in der Stadt« Arbeit aufzunehmen, Transporte durchzuführen.

Die Bahn machte auch – in bescheidenem Maße allerdings – Industrialisierungsprozesse möglich.

Im Gebiet des Pegnitztales vorhandene Rohstoffe konnten abgebaut, kleinere Fabriken konnten angesiedelt werden. So nahm die Gründung von Farbwerken einen Aufschwung durch die Wirtschaftlichkeit des Schienentransports. Lagerstätten finden sich im Gebiet von Troschenreuth, südlicher in der Gegend von Edelsfeld. Der Transport von den Gruben zu den Verladebahnhöfen erfolgte mit Pferdefuhrwerken, für ortsansässige Bauern ein willkommener Nebenerwerb. Von Troschenreuth wurde auch eine Feldbahn zum Verladebahnhof Schnabelwaid gelegt.

Die Verarbeitung der Farberde erfolgte teilweise in neu gegründeten Werken im Pegnitztal selbst. Anfang der 20er Jahre unseres Jahrhunderts erwarb die Hagener Bergbau AG das 1921 abgebrannte Sägewerk mit Holzwollefabrik in Hammerschrott bei Neuhaus an der Pegnitz und richtete dort ein Farbwerk ein. Neben der billigen Wasserkraft dürften die im Vergleich zu den Industrieballungsräumen niedrigen Arbeitslöhne den Anstoß für diese Investition gegeben haben. In den folgenden Jahren entstanden eine Reihe von Farbwerken, indem man Getreidemühlen umrüstete, die ebenfalls mit Wasserkraft gearbeitet hatten. Einige dieser Werke waren ursprünglich Eisenhämmer gewesen, was in Namen wie Hammerschrott oder Hammermüller fortlebt.
Heute ist nur noch eine dieser Farbmühlen in Betrieb. Es handelt sich um das Werk Eichenmüller in Hainbronn bei Pegnitz, das nach wie vor mit einem Wasserrad arbeitet und zusätzlich, um Schwankungen in der Wasserkraft auszugleichen, von einem Elektromotor getrieben wird.
Das unterschlächtige Wasserrad hat einen Durchmesser von 5 m, bei einer Schaufelbreite von 1,20 m. Das Wassergefälle beträgt 2 m. Die Wasserkraft bringt, je nach Wasserführung, 15–20 Kilowatt.
Herr Eichenmüller erzählt: »Ich bin auf der Mühl' da geboren und aufg'wachsen. Mit 8 Jahr' hab ich durch einen Unfall meinen linken Arm verloren. Trotzdem bin ich Getreidemüller g'worden. 1927 hab ich dann die Mühl' zur Farbmühl' umgebaut – mit einer Hand! Mein ganzes Leben hab ich auf der Mühl' verbracht, jetzt weiß ich nicht, wie's weitergehen soll. Ja, die junger Leut, die gehn halt ihre eigner Weg'.«
Angesichts der gigantischen und vollautomatischen Produktion von Farben in der heutigen chemischen Industrie ist das Farbwerk Eichenmüller durch die Art des mechanischen Antriebs und dem überschaubaren, fast manuell wirkenden Verarbeitungsprozeß der Farberde als kleines industriegeschichtliches Denkmal anzusehen. Der heutige Besitzer ist bereits 76 Jahre alt, ein Nachfolger hat sich bisher noch nicht gefunden.
Eine geradezu klassisch wirkende Fabrikanlage findet sich in der Nähe von Güntersthal: die Eckartwerke. Nach dem Ersten Weltkrieg erwarb Jacob Eckart, Besitzer einer großen Goldschlägerei in Fürth sowie einer Bronzefabrik in Erlangen, in der Gemarkung Güntersthal eine große Mühle, um hier die Bronzefabrikation aufzunehmen. Durch die sich rasch entwickelnde Elektroindustrie war der Bedarf an Bronzepulver sehr gestiegen. Für die Herstellung von Schleifkontakten in Elektromotoren brauchte man dieses besonders feine, blättchenförmige Metallpulver. Gleichzeitig verwendete man das »Goldpulver« und später auch das »Silberpulver« – hierzu wurde das Nichteisenmetall Aluminium zermahlen – für gestalterische Zwecke, z.B. im Buchdruck, für Briefbögen, Namenskarten, Geschenkpapiere, ebenso bei der Christbaumschmuckherstellung. Das Zermahlen der Metalle war nicht ungefährlich, manchmal kam es aufgrund der Pufferwirkung des feinen Staubes zu Explosionen. Dies war sicherlich mit ein Grund, das Bronzewerk an dieser relativ abgelegenen Stelle im Pegnitztal zu errichten. 1931 ereignete sich im neuen Aluminiumwerk eine Explosion, die Fabrikanlage wurde weitgehend zerstört. Mit neuen Sicherheitsvorkehrungen wurde wieder aufgebaut, auf dem Höhenrücken oberhalb des Flußtales entstanden weitere Produktionsstätten. Heute besitzen die am Fluß gelegenen Fabrikhallen den Charakter historischer Industriearchitektur. Wenn man von Rupprechtstegen talaufwärts fährt, stößt man zuerst auf die

parallel zum Fluß liegende »Alte Halle«, die aus der ehemaligen Mühle hervorging; anschließend folgt das Aluminiumwerk, dessen für die 30er Jahre typische Shed-Dachkonstruktion durch einen relativ mächtig wirkenden Fabrikturm aufgegliedert wird.

Die Eckartwerke stellen in ihrer Größe und der Organisation der Arbeit die einzig wirkliche Fabrikanlage im oberen, engen Pegnitztal dar zwischen Neuhaus und Hersbruck. In diesem, vielleicht landschaftlich schönsten Abschnitt des Flusses sind neben der gut befahrbaren Teerstraße – welche nach Velden immer enger und holpriger zu werden beginnt und damit eher wieder den Charakter der »alten« Landstraße annimmt – kaum Spuren der Industrialisierung zu entdecken. Die Eisenbahn wird hier nicht als Fremdkörper empfunden. Selbst die mancherorts störenden Drahtmasten, die mit der Verbreitung von Elektrizität und Telefon in die Landschaft gestellt wurden, sind wieder verschwunden und durch unter der Erde verlaufende Kabel ersetzt. Dieser Talabschnitt hat damit weitgehend den Charakter bäuerlich-handwerklichen Lebens bewahrt – es war offenbar ein sicheres Gefühl dafür vorhanden, was man der Landschaft zumuten konnte, ohne sie zu schädigen. Dies Bewahrende prägt häufig die Mentalität. Hier leben Menschen ungleichzeitig, Bauern drücken den Pflug mit schwerem Rücken in die Erde, oft bestimmt der Fluß noch die Lebensgestaltung, zumindest der älteren Leute. Es stimmt nachdenklich, jemanden zu treffen, der sich dem Phänomen, das wir Industrialisierung nennen, nicht gänzlich fügt. Dies macht aufmerksam auf andere, vielleicht längst vergessene Weisen der Lebensbewältigung. Hier leben Freiheiten fort, die in den Städten nicht mehr aufrechterhalten werden können – oder vielleicht wollen wir es nur nicht! Es ist oft bequemer, sich in unserer industriellen Zivilisation einzurichten, nicht so »flußnah« leben zu müssen.

In unserer Zeit ist die Sehnsucht nach »heilen Welten« besonders ausgeprägt, da die Dominanz der sogenannten Sachzwänge erdrückend zu werden beginnt. Hier ist Rückbesinnung angebracht, allerdings nicht in falsch verstandener Nostalgie. »Wer leidet unter der Allherrschaft des bloß Seienden und Sehnsucht hat nach dem, was noch nie war, der mag mehr Wahlverwandtschaft zu einem süddeutschen Marktplatz spüren als zu einem Staudamm, obwohl er weiß, wie sehr das Fachwerk zur Konservierung von Muff herhält, dem Komplement technifizierten Unheils. Wie die in sich verbissene Tradition ist das absolut Traditionslose naiv: ohne Ahnung von dem, was an Vergangenem in der vermeintlich reinen, vom Staub der zerfallenen ungetrübten Beziehung zu den Sachen steckt. Inhuman aber ist das Vergessen, weil das akkumulierte Leiden vergessen wird; denn die geschichtliche Spur an den Dingen, Worten, Farben und Tönen ist immer die vergangenen Leidens. Dann steht Tradition heute vor einem unauflöslichen Widerspruch. Keine ist gegenwärtig und zu beschwören; ist aber eine jegliche ausgelöscht, so beginnt der Einmarsch in die Unmenschlichkeit.« (Th. Adorno, Ohne Leitbild, 1970, Seite 334/335).

Diesem »Einmarsch in die Unmenschlichkeit« können wir nur begegnen – so ist hier zu folgern – wenn wir uns auf die Suche machen nach »guter« Tradition. Das Pegnitztal kann hierfür Anschauungsunterricht geben. Es vermittelt jenen Einklang von Landschaft, Mensch und Ding, der einer Zone den Namen Kulturlandschaft eintrug. Es lehrt, daß allen neuzeitlichen Planentwürfen zum Trotz jene Vernunft, die sich aus beständiger Auseinandersetzung mit dem Rhythmus der Natur entwickelte, Einfühlung aus Erfahrung war. »Bauern und Handwerker ..., wußten sehr wohl, wie ein Hof zu plazieren war, damit er natürlichen Schutz genoß, welche örtlichen Materialien verwendet werden mußten, und wie sie zu verarbeiten waren. Dörfer und Ortschaften ordnete man mit einem für unsere heutigen Vorstellungen untrüglichen Instinkt für Zweckmäßigkeit und bergende Sicherheit in die Landschaft. Hinzu kam ein für uns heute fast unerklärliches Gespür für die rechten Abmessungen und Proportionen der Bauwerke und ihrer Einzelheiten, die weit mehr bedeuteten, als nur schmückende Zutat. Sie waren zugleich Funktions-, Ordnungs- und Gliederungselemente ...« (H. Wichmann, Ohne Vergangenheit keine Zukunft; hg. v. Werkbund Bayern, 1976, Seite 12).

Die Eigenwilligkeit der hier lebenden Menschen bringt darüber hinaus Lebensformen hervor, die in dem scheinbar Rückständigen Elemente des Zukünftigen bergen. Ein besonderes Beispiel ist der Kammacher Martin Groetsch, der in Enzendorf eine kleine Kammfabrik betreibt. Man begegnet einem 80jährigen Mann, der ungebrochene Vitalität ausstrahlt. Großgewachsene Gestalt, volles weißes Haar, leuchtende Augen, ein Gesicht, das Gelassenheit und Freundlichkeit zeigt, wirkt eher wie ein Theatermann oder Filmregisseur; erst seine Hände verraten den Handwerker: gewaltig breite Handflächen und feste Finger mit einer für Handwerker fast typischen Fingervernarbung: an der rechten Hand fehlt der Zeigefinger.
Martin Groetsch produziert Holzkämme, 15 bis 20 verschiedene Arten aus unterschiedlichen Holzsorten: vom einfachen Buchenkamm bis zur selbstduftenden libyschen und kalifornischen Zeder. »Die Leute mögen keine Plastikkämme mehr, schon wegen der elektrostatischen Aufladung.« Seine Frau zeigt uns alle Sorten und erklärt die jeweiligen Vorzüge. Die besten Kunden sind die Naturwarenläden in den Städten, sei es das Reformhaus oder der Grüne Laden. Für die Produktion wird die Wasserkraft des Flusses genutzt.
Der Antrieb der Maschinen erfolgt über Elektromotoren, den Strom produziert Martin Groetsch selbst. »Zwei Turbinen laufen Tag und Nacht und erzeugen so viel Strom, daß wir vom Verkauf ans Überlandwerk beinahe leben können.« Als wir die Kammfabrik verlassen, dürfen wir uns jeweils einen Holzkamm als Geschenk mitnehmen. Wir sind beeindruckt und nachdenklich, wir merken: hier besteht die Möglichkeit, daß Historisches Zukunft hat – vielleicht braucht man bald nicht mehr zu sagen, daß dies der letzte Kammacher im Pegnitztal ist.

Von der Deutschherrnwiese zur Kläranlage

Die Tour steht in keinem Touristenbuch: Als Markierung immer dem Gestank nach von der Bedürfnisanstalt Hallerwiese über die Großweidenmühle, vorbei am Westbad, vorbei an Johannis, Schniegling, Westfriedhof, am Fuchsloch bis zur Kläranlage an der Stadtgrenze zwischen Nürnberg und Fürth. Im Gras blühen schon die Marlboro-Schachteln fränkisch rot-weiß, die Bierdosen treiben und Glasscherben glitzern im Morgentau. Es duftet nach Jasmin und Benzin, und es steigert sich am Klärwerk, wo der Fluß ein Odelfaß geworden ist, zur ganzen Palette großstädtischer Geruchsorgien. Wir beginnen die Wanderung also an der Bedürfnisanstalt Hallerwiese am Fluß entlang. Bald sehen wir am anderen Ufer die Deutschherrnwiese. Sie besteht aus großen und kleinen Gebäuden, aus Ämtern und Schulen, Firmen und Parkplätzen. Das Wort Wiese hatte früher eine andere Bedeutung. Die nahe Bezirkssportanlage deutet dort, wo sich zwischen den gekalkten Seitenlinien ein Fußballplatz befindet, noch auf das Vorkommen von Wiesen in früheren Zeiten hin. Im Gebüsch pfeift der Vogel-Jakob, der mit einem Membranplättchen zwischen Zunge und Gaumen alle Vogelstimmen imitieren kann. Auf dem mittleren Sandsteinpfeiler der Johannisbrücke steht mit unauslöschbarer Sprayfarbe »Türken raus«. Diesseits und jenseits des Flusses sind die zwei Judenfriedhöfe der Stadt. Der eine gleich hinter den Schornsteinen des Krematoriums, der andere zwischen morschen Bierfässern und abgegebenem Leergut im Hinterhof der Brauerei. Die Deutschherrnwiese ist ein geeignetes Stück Stadt, sich der zwölfjährigen Geschichte der deutschen Herren zu erinnern und sie nicht zu vergessen. Für die angenehmeren Erinnerungen steht ein vergessenes Denkmal noch weit vor der Brücke: das Gasthaus »Zum Hippel«, in dem

Das Flußbad in Mögeldorf

Robert Gebhardt, genannt der »Zapf«, nach dem zweiten Weltkrieg seine Mannschaftskameraden vom 1. FC Nürnberg mit dünnem Bier und fettem Schweinefleisch aus dem eigenen Wirtshaus lebensmittelmarkenfrei versorgte. Anfang Oktober 1901 hatte der Club auf der Deutschherrnwiese sein erstes offizielles Fußballspiel gegen eine Mannschaft aus Bamberg ausgetragen und 5:1 gewonnen. Ein Jahr vorher, im Mai 1900, war der 1. FC Nürnberg im Gasthaus »Zur Burenhütte« in der Deutschherrnstraße gegründet worden.
Nach der Brücke öffnet sich das Tal. Auf der Höhe residiert links und rechts der Pegnitz sandsteinerne Traurigkeit: ein Gymnasium, das Gefängnis, der Friedhof. Vom Fuchsloch an ist für die Fortsetzung der Wanderung durch die Flußlandschaft eine Gasmaske empfehlenswert. Den Gestank vom Klärwerk hat die Stadt noch nicht im Griff. Die Schnieglinger schon. Wenn sie frische Luft im Zimmer haben wollen, machen sie die Fenster zu und halten die Gegend um den Plärrer selbst zur Zeit des Stoßverkehrs für einen Luftkurort. Das Niederwild hat sich verändert. Statt Wiesel, Iltis und Bisamratte verkehren im Pegnitzgrund tagsüber Foxterrier, Basset, Pudel, Pinscher und der aufrechte Windhund. Wer fischen will, muß dies im Trüben tun. An den langen Sommerabenden sitzen dort unten im Tal Türken, Griechen, Italiener und Jugoslawen, essen Melonen aus dem Supermarkt, singen mit den Zigeunern Lieder in ihre Herzen und wissen nicht, warum sie das gleiche sein sollen, wie der Fluß vor ihnen: der Abschaum in der Stadt. Die Pegnitz fließt nach Fürth, vereinigt sich mit der Rednitz und heißt Regnitz. Wir verlassen den Weg.

Man muß, um Spuren zu finden, an einem heißen Augusttag die Augen schließen, denn die Schaufelbagger haben gründliche Arbeit geleistet, die Architekten haben mit der Vorstadt im Osten ihr Schindluder getrieben. Der Pegelstand der Pegnitz ist auch gleichzeitig der Kontostand auf der Bank. Zwischen der Satzinger Mühle und der Wöhrder Wiese ruht der künstliche Stausee, links und rechts, häßlich genug, die metallgefaßten Höhenzüge der neuen Schlösser und Burgen, vierspurige Ringstraßen, funktionierende Ampelanlagen, Parkbuchten und der Luxus eines städtischen Naturschutzgebietes gleich unterhalb der Fabrik. Nachts kühlen Neonleuchten die Szenerie. Man muß, um Spuren zu finden, an einem heißen Augusttag also die Augen schließen, die Ohren zuhalten und die Angst im Herzen für eine Sekunde anhalten.

Kinder laufen barfuß mit schlotternden schwarzen Turnhosen, einen schwarzen aufgeblasenen Autoreifenschlauch auf dem Kopf und ein Stück Brot in der Hand, auf der Straße zum Fluß. Der Weg geht zwischen dem Doktorshof und dem Frisör den Hollerberg hinunter. Weiter oben die Friedenslinde steht noch. Zehn Pfennige kostet der Eintritt in der städtischen Flußbadeanstalt. Die Holzkabinen sind grün gestrichen, wenn der Wind in die Pappeln fährt, sind die Blätter weiß. Die Akazienblüten schmecken wie Honig, und wer zu lange am Holler riecht, der wird bewußtlos vor Glück. Gurkensalat im Einmachglas, Tiroler Nußöl, zerschlissene Decken im sonnenverbrannten Gras, die Achtkläßler liegen geheimnisvoll hinter den Haselnußbüschen, da dringt kein Blick durch zu den mageren Mädchen mit den wollenen Badeanzügen, schon eher durch die Astlöcher in den grüngestrichenen Kabinen, abgegriffene Spielkarten,

es sticht der Ober den Unter. Wenn man sich im Fluß den Fuß an einer zerbrochenen Bierflasche aufschneidet, schießt das Blut wie aus einer Quelle: Rot wie Blut, weiß wie die Blätter der Pappeln und kornblumenblau. In der Dämmerung gehen Kinder heim über die zwei Brücken der Pegnitz, die Lippen lila gefroren. Auf den Wiesen blöken die Schafe und am Fluß entlang geht die Sonne unter, am Schluß verschwindet sie hinter den Schatten der Stadt. Daheim gibt es Magermilch und Ohrfeigen.
Die Pegnitz hat keine zwei Arme mehr, die Satzinger Mühle kein Mühlrad, es laufen keine Kinder mehr in schwarzen Turnhosen den Hollerberg hinunter zur Flußstraße, und es wird von der Stadt her in der Dämmerung nicht finster, denn die Stadt muß beleuchtet sein. Bald werden Grashalme unter Naturschutz gestellt. Im Stausee ist das Baden verboten, die Grundstücke am See sind Planquadrate, die Häuser bestehen aus Höhe mal Länge mal Breite mal Stahlbeton. Verschwunden ist der Johann-Sörgel-Weg, der beim Blumen-Speckhardt ins Tal mündete, den Lauf der Pegnitz nachäffte und entweder beim Altersheim oder an der Wöhrder Wiese wieder verlassen werden konnte. Verschwunden ist der Fußballplatz beim katholischen Kindergarten, verschwunden ist der Pulversee, und es fällt im späten Herbst nicht mehr der Ostwind durchs Tal über das spröd gewordene Schilf her. Früher haben die Herbstzeitlosen geblüht das ganze Tal entlang, zerrissene blaue, rote Drachen haben am Himmel um ihr Leben gezittert, und gegen das Licht sind die weißen Herbstfäden zwischen Jobst und Mögeldorf geschwebt. Der Sieg des Kunstsees ist vorläufig. Er hat saubere Ufer, saubere Verbotstafeln und saubere Asphaltstraßen rund um sich herum. Das ist in Ordnung. Das künstliche Hochwasser schützt die Bevölkerung vor dem Hochwasser. Das ist geregelt. Die Aufgabe, hin und wieder Spuren zu suchen mit geschlossenen Augen an einem heißen Augusttag, an einem milden Herbstnachmittag und im Winter, tut weh.

Der alte Mann aus Lungsdorf

Die Sonne ist noch nicht im Tal. Da hört man im Winter den Frost in der Finsternis. Da steht im März der Atem über dem Fluß. Da hat im Sommer das Gras eine Gänsehaut. Im Herbst, wenn ein Tag beginnt, ist der Himmel schon in aller Herrgottsfrüh ein Stück Zellophanpapier über einem Einweckglas. Um diese Zeit steht der Bauer Johann Meyer auf, Winter wie Sommer, von Januar bis Dezember, jeden Tag, nur am Sonntag schläft er eine Stunde länger. Johann Meyer ist fünfundsiebzig Jahre alt. Seit zweiundzwanzig Jahren trägt er in Lungsdorf an der Pegnitz jeden Früh die Zeitung aus. Das tut er nebenbei und weil es ihm Spaß macht. Das Leben des alten Mannes, der Augen hat wie ein Junger unter seinem viel zu großen speckigen Filzhut, das Leben des alten Mannes ist der Fluß. Auf der anderen Seite der Pegnitz sind seine Äcker, die jetzt dem Sohn gehören, herüben auf der Dorfseite steht sein Haus, ein Stall für die letzten zwei Gänse, die ihm noch geblieben sind, und da mäht er im Sommer die Wiese, den Parkplatz für das einzige Wirtshaus in Lungsdorf. Er hatte früher die schönsten Pferde im Dorf, den besten Hopfen zwischen Neuhaus und Hersbruck und die gesündesten Kühe. Wenn das Gras am Parkplatz hoch steht, sieht man den speckigen Hut an den Gartenzäunen vorbeischweben, drüber wackelt die Sense – Johann Meyer geht zur Arbeit. Danach führt er seine zwei Gänse auf die fetten Wiesen am Fluß, und wenn die Sonne ins Tal kommt, sitzt er auf der kleinen, brüchigen Bank: Drüben der Wald, dahinter die Äcker, herüben das Haus, der Gänsestall, geteilt durch den Fluß, der dort eine Biegung macht und unter der Brücke hinterm Wald verschwindet. Es ist eine berechenbare Welt, an der der Johann Meyer bei aller oberflächlichen Überschaubarkeit aber auch seine Zweifel hat. Bevor er was sagt, trinkt er ein Bier, drückt den Kloß vom Schweinebraten fest in die Soß und läßt nichts umkommen. Er sagt es so: »Ganz fräihers hom vill ba uns vo die Fiisch in der Bengerz leem kenner. Haid kennersd vo die Fiisch in der Bengerz nedd amol gscheid verhungern.« Es gab in der Pegnitz so viele Krebse, daß sie keiner als Delikatessen verkaufen mochte, in den Weidenkörben am Grund verbissen sich die Aale, Hechte standen im ruhigen Wasser vor der Biegung, Forellen und Aeschen. Johann Meyers Urgroßvater lebte von den Fischen in der Pegnitz. Zu Beginn des Jahrhunderts, vor der Eisenbahn, hatte der Urgroßvater flußaufwärts bis nach Velden einmal in der Woche die Fische aufgekauft, das Pfund zu einer Reichsmark und sechzig Pfennig, und das Pfund Forellen in Nürnberg für zwei Mark wieder verkauft. Was dazwischen lag, war dem Fischhändler aus Lungsdorf die vierzig Reichspfennige Gewinn wert: Ein Fußmarsch übers Gebirg bis nach Nürnberg von abends um sechs bis am anderen Früh um sechs, auf dem Schubkarren das große Faß voll mit Pegnitzwasser und den frischen Fischen. Nachts marschierte der alte Meyer, damit das Wasser kalt blieb und die Fische lebend. Eine Pause gab es nur in Schnaittach, nach dem Gebirg, wo frisches Quellwasser ins Faß nachgefüllt wurde. »Haid«, sagt Johann Meyer, »haizerdooch konnsd hexdns nu a Wasser aus der Bengerz in die Schdadd neifoorn. Fiisch kanne mehr. Obber es Wasser leffd ja vo selber nei«. Daß es in der Pegnitz keine Krebse mehr gibt, keine Aale und keine Hechte und daß Forellen schon eine Touristenattraktion sind, dafür hat der Johann Meyer schon einen Schuldigen gefunden. »Forelln«, sagt er, »sin Süßwasserfiisch. Obber wenns suu weidergäid, nou is die Bengerz su salzich wäi es Meer. Des meeng die Forelln nedd.« Er mag es auch nicht, daß jeden Winter die schmale Straße durchs Pegnitztal mit Tonnen von Streusalz zugeschüttet wird. Es hilft den Autofahrern beim Beschleunigen und beim Bremsen und es hilft der Pegnitz beim Sterben. So sieht es der Johann Meyer, und er denkt sich, daß es einfacher wäre, wenn die Autofahrer im Winter halt langsamer fahren würden. Wenn der kleine, alte Mann mit dem viel zu großen Filzhut auf seiner brüchigen Bank an der Pegnitz sitzt, dann denkt er darüber nach, was man machen darf im Leben und was man nicht machen darf. Man darf es nicht zu weit treiben mit dem Übermut. So einfach denkt er es sich. »Wenn es Wasser amol ausbleibd«, sagt er, »nou mäißerd alles verkummer.« Und dann sieht man den großen, speckigen Filzhut an den Gartenzäunen entlang schweben, drüber die Sense.

Paddelbootfahrt von Neuhaus nach Hersbruck

Die Tage im September sind gläsern, der Himmel geht zurück. Die Strömung zieht und schiebt gelbe Weidenbäume vorbei und in den Bauerngärten am Fluß blühen die Astern. Vor dem Stau im Wehr schwimmen drei schneeweiße Gänse. Nur an der Mühle hört man den Fluß, eine Biegung weiter sind die Wellen wieder lautlos. Der Tag fängt an sich zu erwärmen. Vor dem Kraftwerk wächst dunkelgrünes Kraut aus dem Wasser. Rostbraune Zahnräder stehen gegen den hellblauen Himmel. Die Fensterscheiben sind zerschlagen, Spinnweben wachsen ins Freie und wieder muß das Boot mit Zelt und Schlafsack, mit zwei Flaschen Bier, mit Gaskocher, Luftmatratzen, Brot und Pressack um das Wehr getragen werden. Wenn man barfuß das Boot trägt, spürt man die Stoppelfelder doppelt. Man denkt sich allein auf dem Fluß, drüber liegt die Eisenbahnbrücke, daneben die Straße und so vergeht der Vormittag. Hähne krähen, Hühner scharren, Wasserratten rutschen von den freigeschwemmten Wurzeln. Noch geht der Fluß fast immer geradeaus mit gemächlichen Kurven. Über dem Fabrikschlot steht der weiße Rauch senkrecht vor dem Steinbruch, ein Zug pfeift beim Einfahren in den Bahnhof. Zwei Meter über der Wasserlinie hängen Plastiksäcke, bleiches Treibholz, rotweiße Cola-Büchsen, eine Einkaufstasche und ein Traktorreifen – Reste des letzten Hochwassers. Schon längst liegt die Sonne im Tal, das breiter geworden ist. In der Wand am Rothenfels baumeln zwei Kletterer mit weißen Sturzhelmen wie Mittagsgeister im Wind. Dann nach dem Schwall anlegen gegen die Strömung, die zwei Flaschen Bier und den Pressack aus dem Stauraum holen, das ist eins. Manchmal steht nicht weit vom Ufer ein Bagger. Es wird begradigt, befestigt und ausgebessert. Die Flußdompteure sind am Werk. So vergeht der Nachmittag. Der Bug steht gegen den Abend, in den Windungen dreht sich das Boot, und das Wasser schlägt über. Die Wiesen werden schon feucht, wenn das runzelige Zelt steht und wenn die Flammen blau, gelb und rot über dem Gaskocher schweben. Man soll im frühen Herbst nicht den Rum im Tee vergessen. Noch lange bleibt die Felsnadel in der Sonne, wenn die Autolichter auf der anderen Seite schon im Dunkeln auf und ab wippen. Fledermäuse fallen vom Kirchturm, das Wasser unterm Wehr schnarcht und am Acker glimmt das Feuer aus. Dem Gebetläuten antwortet ein Kauz. So vergeht die Nacht. Wenn niemand mehr wach ist und keiner es merkt, kommt der Tau über die Wiesen. Es riecht schon nach Frost vor dem Zelt, nur im Schlafsack hängt noch die warme Nacht. Milchig ist der Fluß früh wie Eiswasser, unter dem Steg steht eine Forelle wie erstarrt von der Morgenkälte.

Zwei Stunden später brechen schon die ersten Sonntagsausflügler in Alfalter, in Hohenstadt, in Vorra, Velden und Düsselbach ein. In Hersbruck ziehen weiße Segelflieger am durchsichtigen Himmel vorbei, über die braunen, roten Hügel. So vergeht der Herbst.

Die Rifflerfelsen

links: Ehemaliges Hammerherrenhaus bei Rauenstein
rechts: Pegnitzquelle am Schloßberg in Pegnitz

Abendstimmung vor Rupprechtstegen

Bronzewerk in Güntersthal

Überschwemmung im Eichenhain bei Ottensoos

Reichenschwand, Schloßallee im Abendrot

Gewitterstimmung bei Ottensoos

Winter

links: Eisformen nach dem stufenweise abgesunkenen Hochwasser bei Erlenstegen
rechts: Wehr der Kunstmühle Barth in Lauf

Seite 92: Trüber Novembertag bei Altensittenbach
Seite 93: Luftblasen im Eis

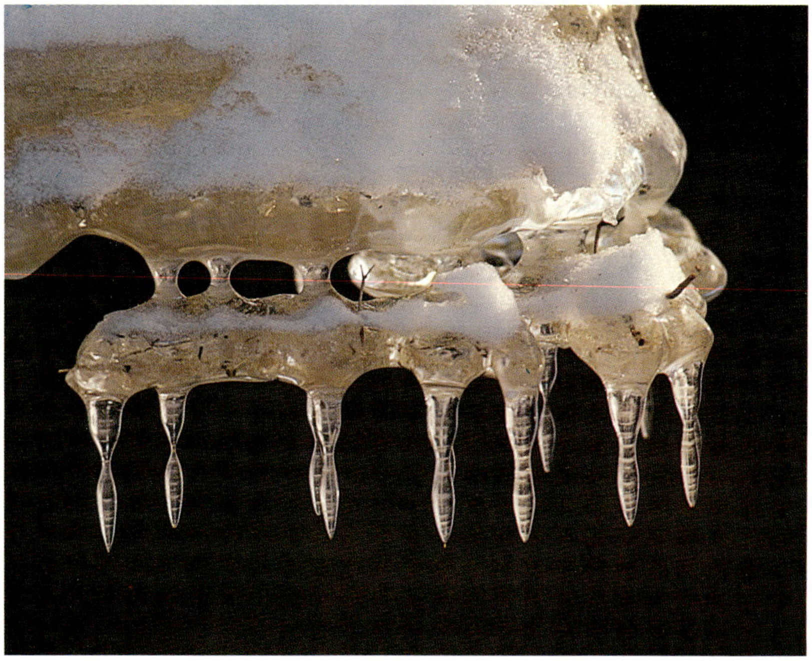

Eisspiele vor Reichenschwand

Fenster eines Bauernhofes in Enzendorf
Bauer in Artelshofen

Später Nachmittag bei Lungsdorf

Winterabend über den Hopfenhäusern von Reichenschwand
Vogelscheuche im Hopfengarten

Verfallende Wasserräder

Einöde Griesmühle

Kalkwerk in Vorra, 1981 abgerissen
Verschluß eines Kalkofens bei Rupprechtstegen

Das Uhrenhaus in Hammer

Einfallende Winternacht bei Mögeldorf

...der Stadt entgegen

oben: Das Heilig-Geist-Spital im Morgengrauen
rechts: Pegnitzbrücken in der Nürnberger Altstadt

Seite 110/111:
„Die Pegnitz brennt" – Blick von der Nürnberger Museumsbrücke auf das Heilig-Geist-Spital

Letzte Fischkästen in Nürnberg zwischen Oberer Karlsbrücke und Henkersteg
rechts: Blick von der Hallertorbrücke auf den Kettensteg

Der Henkersteg mit Weinstadel und Wasserturm
Kettensteg-Detail

Einst bedeutungsvoll, heute ein Relikt aus
unseliger Zeit; Großweidenmühlstraße in Nürnberg
rechts: Blick von den Pegnitzwiesen auf die
Stadtsilhouette von Fürth

Mündung der Pegnitz hinter Fürth